Im gläsernen Labyrinth

SIBYL SCHÄDELI

# Im gläsernen Labyrinth

Tricks und Taktiken für Frauen auf dem Karriereweg

**Bibliografische Information der Deutschen Nationalbibliothek:**
Die Deutsche Nationalbibliothek verzeichnet diese Publikation in der
Deutschen Nationalbibliografie; detaillierte bibliografische Daten sind
im Internet über dnb.dnb.de abrufbar.

© 2019 Sibyl Schädeli
Grafik: blurAZ/ majivecka/ Shutterstock.com
Satz, Umschlaggestaltung, Herstellung und Verlag:
BoD – Books on Demand, Norderstedt

ISBN: 978-3-7494-0373-8

# Inhalt

# Vorwort

Seit rund zehn Jahren beschäftige ich mich intensiv und systematisch mit den Themen Durchsetzungsvermögen und Machtspiele und mit dem Umgang mit Konkurrenz und Angriffen im beruflichen und akademischen Kontext. Meine Hauptzielgruppe sind dabei Frauen in Führungsfunktionen unterschiedlicher Branchen, in der Akademie und in der Forschung. Ich begegne diesen Frauen im Rahmen von Seminaren, Trainings, Beratungsaufträgen und in Einzelcoachings.

Ich bin immer wieder von neuem erstaunt darüber, wie die einzelnen Fälle und Fragestellungen sich gleichen: Hochqualifizierte und motivierte Frauen bleiben in ihrer Karriere stecken und stellen nicht selten fest, dass ihre männlichen Kollegen, und auch einige Kolleginnen, sie auf dem Weg nach oben überholen, auch wenn diese fachlich weniger kompetent sind. Sie erleben, dass sie in Sitzungen nicht zu Wort kommen, ihre Redebeiträge ignoriert oder von Kollegen gar »gestohlen« werden. Sie investieren in noch mehr Fachwissen und Professionalität und kommen trotzdem nicht weiter. Sie haben oft das Gefühl, dass um sie herum irgendetwas gespielt wird, wissen aber nicht, was es ist und wie es funktioniert. Irgendwann geben viele entmutigt auf und sagen: »Diesen Kindergarten tue ich mir nicht mehr an!« Kommt diese Aussage aus einer Position der Stärke und leitet sie die freudige Wahl eines neuen beruflichen oder privaten Wegs ein, ist das wunderbar. Es müssen nicht alle Frauen und Männer Karriere machen, es gibt unzählige Lebenswege. Kommt diese Aussage aber aus einer gekränkten und unterlegenen Position, kann das Erlebte eben nicht einfach als »Kindergarten« abgetan werden, den man getrost ignorieren kann, sondern stellt eine Herausforderung dar, die es anzugehen gilt. Wo gespielt wird, gibt es Gewinner und Verlierer, und bevor eine Frau die Flinte ins Korn wirft, wäre es schön, sie würde zunächst einmal gewinnen können und danach erst eine in diesem Fall wohlüberlegte Entscheidung treffen: Weiterspielen und kämpfen oder hocherhobenen Hauptes, königinnengleich, das Spielfeld verlassen.

Ich habe selbst sehr früh die Erfahrung gemacht, dass sich die Spielregeln von Karriere und Macht von Institution zu Institution stark unterscheiden können oder sich innerhalb einer Institution verändern, manchmal gar in ihr Gegenteil verkehren, je höher man steigt.

Als frisch lizenzierte Ethnologin, sozialisiert in den unteren Rängen der Universität, bin ich, völlig unvorbereitet, in eine große Verwaltungseinheit der Bundesverwaltung eingetreten und habe zunächst einmal eine gehörige Bauchlandung hingelegt. Sämtliche Codes und Umgangsformen waren mir fremd, als einzige Frau in vielen Sitzungen wurde ich hofiert, und es wurde mir gleichzeitig angedeutet, dass ich eigentlich nicht ernst zu nehmen bin. Sexuelle Belästigung neben charmanten Begegnungen, Kollegialität und harte Konkurrenz gehörten plötzlich zum Alltag. Weibliche Kolleginnen aus dem Sekretariat erwarteten, ich müsse, weil eine Frau, als einzige unter den wissenschaftlichen Mitarbeitenden bei der Vorbereitung von Mitarbeiteranlässen mithelfen und bestraften mich mit unfreundlichem Anschweigen, wenn ich den Erwartungen nicht Folge leistete. Mein Lohn war um mehrere Lohnklassen tiefer eingestuft als der meiner männlichen Kollegen mit vergleichbarer Ausbildung. Zum großen Glück hatte ich einen Chef, der mich nach meinen Zielen fragte, mich in Führungskurse schickte und mich unter vier Augen über manche mir unbekannte Gepflogenheit aufklärte. Nicht viele haben diese Chance. Als ich dann sehr früh schon in die sogenannte »Teppichetage« aufstieg, änderte sich die Arbeitswelt noch einmal beträchtlich. Harte Machtspiele, Tricksereien und auch heftige verbale Attacken waren nun an der Tagesordnung. Als ich diesen »Kindergarten« entmutigt verließ, nahm ich mir vor, von nun an all das zu lernen, was ich können muss, um mich im kommenden Arbeitsumfeld, einer ebenfalls großen hierarchischen Organisation, erfolgreich durchsetzen und verteidigen zu können. Selbstverständlich nicht immer erfolgreich, aber doch stets dazulernend, ist es mir gelungen, meinen Weg zu gehen, so dass ich heute beruflich nur noch das tun muss und darf, was mich wirklich interessiert, und meine Talente auch vollumfänglich einbringen kann. Geschenkt ist dies alles nicht und es hat mich viel

Aufwand und Nerven gekostet, umso dankbarer bin ich allen, die mich unterstützt haben.

Es ist mir ein großes Herzensanliegen, all das, was ich selber auf diesem Weg an Erfahrungen gemacht und das, was ich mir über all die Jahre angelesen und ausgetestet habe, weiterzugeben.

In jedem meiner Workshops stellt eine Frau an fast immer derselben Stelle in etwa folgende Fragen: »Müssen wir denn jetzt so werden wie die Männer? Müssen wir uns so verhalten und kommunizieren, wie es uns im Grunde zuwider ist?« Nein, das ist mitnichten die Botschaft meiner Workshops und auch nicht die des vorliegenden Buches! Es geht nicht darum, die Frauen zu verbiegen, damit sie in eine von männlichen Normen und Gepflogenheiten geprägte Arbeitslandschaft passen. »Fixing the women« kann nicht das Ziel sein. Es geht aber darum, zumindest die größten, meist unbewussten taktischen und kommunikativen Fehler zu vermeiden und sich gewissermaßen eine zweite Sprache anzueignen, um erfolgreicher die eigenen Fähigkeiten und die eigene Persönlichkeit einbringen zu können. Aber eine Tatsache können wir nicht wegreden: Solange Frauen immer noch in einer so unglaublichen Minderheit in den oberen Rängen von Organisationen und Institutionen anzutreffen sind, bestimmen sie nun einmal nicht Sprache und Kultur dieser Kreise. Erst wenn sie angemessen vertreten sind, ändern sich Kommunikation und Umgang, und auch den anwesenden Männern wird es plötzlich möglich, ihren Sprach- und Umgangsstil freier zu wählen.

Und zuletzt noch eine Bemerkung zu meinem Gebrauch der sozialen Kategorien *Männer* und *Frauen*. Es ist mir vollkommen klar, dass diese sowohl biologisch als auch kulturell nicht immer klar abzugrenzen sind, und dass unsere Welt dadurch um vieles variantenreicher und damit auch interessanter ist. Dennoch lassen sich klare Tendenzen im unterschiedlichen Gebrauch verbaler und nonverbaler Sprache zwischen Männern und Frauen ausmachen, wie beispielsweise die Soziolinguistin Deborah Tannen in zahlreichen Studien aufzeigen konnte.

Im vorliegenden Buch werde ich bewusst vereinfachte und manchmal gar schwarz-weiße Kategorien verwenden, um Unterschiede und Auffälligkeiten zu verdeutlichen und Frauen stark praxisorientierte Strategien und Tipps aufzuzeigen. Mich interessiert dabei weniger, weshalb und wie Unterschiede in Sprache und Verhalten zwischen den Geschlechtern entstehen, sondern was sich konkret beobachten lässt und was Frauen auf ihrem Karriereweg zu Erfolg und Zufriedenheit verhilft.

# Einleitung – Das gläserne Labyrinth

Vor über dreißig Jahren beschrieben eine Journalistin und ein Journalist des *Wallstreet Journal* zum ersten Mal das Phänomen der gläsernen Decke. Sie stellten fest, dass in den obersten Führungsetagen der größten amerikanischen Firmen nur drei Prozent aller Positionen von Frauen besetzt waren. Es schien, als könnten Frauen auf ihrem Karriereweg so lange reüssieren, bis sie plötzlich, kurz vor dem Ziel, ganz oben an eine gläserne Decke stoßen. Was passiert genau an dieser Decke? Geben Frauen auf, wenn sie sich irgendwann einmal zu oft eine blutige Nase geholt haben? Oder würden sie schon weitermachen, wenn es überhaupt möglich wäre, da durchzukommen? Oder wollen sie gar nicht, weil es über der Glasdecke zu ungemütlich ist? Und was wäre denn überhaupt diese Glasdecke?

2010 hat der deutsche Soziologe Carsten Wippermann eine interessante Studie durchgeführt mit dem Ziel herauszufinden, weshalb diese Glasplatte so stabil ist. Denn rund zwanzig Jahre nach der Beschreibung der gläsernen Decke sah die Situation nicht wirklich anders aus. Woran lag das? Mittels einer standardisierten Befragung von Männern und Frauen aus der Führung und narrativen Tiefeninterviews mit Männern aus dem mittleren und dem Topkader ging er der Sache auf den Grund. Das Ergebnis seiner Untersuchung nannte er schließlich die »dreifache Sicherung der gläsernen Decke«. Bei den männlichen Topkaderleuten hatte er nämlich drei verschiedene Mentalitätsmuster ausmachen können, deren Vertreter die Frage nach Frauenkarrieren unterschiedlich beantworteten und bewerteten. Da waren zunächst einmal die sogenannten *Konservativen*, die effektiv der Meinung waren, Frauen seien qua Geschlecht weniger für Toppositionen geeignet als Männer. Sie wünschten sich Frauen auch nicht in ihrem *inner circle*, schließlich verändert deren Anwesenheit Kultur und Umgang dieser Führungskreise. Die zweite Gruppe, die des *individuellen Typus*, meinte durchaus radikal, es würde sie eigentlich nicht interessieren, ob es sich hier um Frauen oder Männer oder andere Subgruppen handle, sondern es sei einzig wesentlich, wenn die Besten in diese Gremien gewählt werden.

Leider gäbe es aber nicht genügend Frauen, die für den steilen Karriereweg bereit seien. Die Haltung hier ist: Die fachlich beste Person erhält den Kaderjob, und da spielt das Geschlecht keine Rolle. Dies ist das Standardargument aller Quotengegner und -gegnerinnen. Mögen die Besten gewinnen! Dass viele Führungsfunktionen nicht aufgrund der Qualifikation der Bewerbenden, sondern durch Beziehungen und Seilschaften oder an diejenige Person vergeben werden, die sich am besten verkauft und durchsetzen kann, wird hier vollständig ausgeblendet. Die Vertreter des dritten Typus nun, die *Emanzipierten*, hatten nichts gegen Frauen im Topkader, waren aber der Meinung, dass es da oben zu rau sei und viele Frauen angesichts der dort herrschenden Machtspiele keine Chance hätten. Und Frauen, die wiederum damit klarkommen würden, seien eben nicht mehr authentisch und Authentizität wiederum sei eine der Hauptqualifikationen im Topkader … Hier beißt sich die Katze in den Schwanz.

Die Wippermann-Studie hat also klar aufgezeigt, weshalb die Glasdecke so dicht ist, und dass es nicht einfach an den Frauen liegt, die nicht Karriere machen wollen. Aber ist das Bild der Glasdecke nicht zu einfach? Impliziert es nicht, dass vor der Glasdecke ein gerader Weg beschritten werden kann, ein Karriereweg mit einfachen und steinigen Etappen und Hindernissen, der für alle, ob Mann oder Frau, gleichermaßen anspruchsvoll ist? So ist es nun in der Tat nicht. Frauen haben gesellschafts- und kulturbedingt durch ihre Sozialisation, durch die Struktur ihres Privatlebens aber auch durch betriebliche Phänomene wie die dreifache Sicherung der Decke viel mehr Hürden zu bewältigen als ihre männlichen Kollegen. Es ist, als würden sie auf ihrem Weg nach oben durch Glaswände aufgehalten, zwischen denen sie immer wieder einen Durchgang finden müssen. Die Wege von Frauenkarrieren sind verschlungen, gebogen und mit Falltüren versehen, durch die frau jederzeit wieder eine Stufe zurückfallen kann.

Es ist ein gläsernes Labyrinth!

Noch heute werden Mädchen mit Bildern bombardiert, die ihnen Rollenzuweisungen vermitteln, die beim besten Willen nicht mit einer späteren Karriere vereinbar sind: Prinzessinnen, Feen und Bräute bevölkern die fast durchwegs rosaroten Spielwelten der Mädchen. Obwohl die Zahl der Ärztinnen, Architektinnen oder Chefinnen wächst, begegnen Mädchen immer noch mehrheitlich Frauen in typischen, vergleichsweise schlecht bezahlten Frauenberufen, als Kindergärtnerinnen, Verkäuferinnen und Krankenschwestern. Weibliche Vorbilder in technischen Berufen oder Chefinnen fehlen weitgehend. Dies schafft Bilder, die die Karrierewünsche von Mädchen einschränken. Was man sich nicht vorstellen kann, wovon man keine klare Vision hat, ist viel schwerer anzustreben, das weiß die Motivationspsychologie.

In Partnerschaften passen sich junge Frauen immer noch eher dem Berufsweg ihrer Partner an, als dass sie konsequent den eigenen verfolgen. Sie ziehen an seinen Wohnort oder mit ihm an seinen Arbeitsort, sie folgen ihm ins Auslandjahr, auch wenn sie selbst Akademikerinnen sind, die eigentlich ihr eigenes CV gestalten sollten. Und wenn sich ein Kind ankündigt, sind es in der Regel sie, die ihren Beschäftigungsgrad reduzieren oder vorübergehend aus dem Berufsleben aussteigen. Das ist zum Teil auch durch den Arbeitgeber mit beeinflusst, der davon ausgeht, dass Frauen, wenn sie Mütter werden, sowieso reduzieren wollen, oder sie schlimmstenfalls in einem gewissen Alter nicht einmal einstellt, da sie ja demnächst schwanger werden könnten. Frauen zwischen 20 und 45 sind entweder immer potenziell schwanger, Mütter oder Kinderlose. Auch im letzten Fall ist die Frau gezeichnet, als nicht ganz vollwertige Frau. Aber auch die Frauen selbst tragen ihren Teil zum Karrierestopp bei, indem sie offenbar in ihren Partnerschaften nicht wirklich verhandeln, wenn es um die Frage geht, wer Karriere macht und wer zurücksteckt. Wie kann es sein, dass bei diesen Verhandlungen – vorausgesetzt, sie finden überhaupt statt – überwiegend das Modell, er arbeitet weiter 100 Prozent und sie reduziert ihren Beschäftigungsgrad, herauskommen kann? Das kann ja wohl nicht einzig an der Stillzeit liegen!

Hinzu kommen nun auch noch die fehlenden Strukturen, die die Vereinbarkeit von Beruf und Familie erschweren. Es fehlt immer noch an Kinderbetreuungsstätten, vor allem an solchen, die Angebote über die übliche Arbeitszeit von acht bis sechs bieten. Auch sind die meisten Arbeitgeber rückständig, was Arbeitsmodelle und Präsenzzeiten betrifft. Homeoffice oder Co-Leitungsmodelle sind immer noch selten, Sitzungen werden oft gegen Abend angesetzt, Väter, die Teilzeit arbeiten wollen, werden nicht genügend ernst genommen. In der Schweiz gibt es noch nicht einmal einen Vaterschaftsurlaub oder Elternzeit. Nur skandinavische Länder sind, was die genannten Punkte betrifft, fortschrittlich.

All diese Faktoren schaffen unzählige Glaswände im Labyrinth. Wenn wir dann noch innere Blockaden wie mangelndes Selbstbewusstsein und daraus resultierendes zurückhaltendes Auftreten, unbewusstes Stereotypisieren der Geschlechter in der Gesellschaft und fehlende Seilschaften für Frauen hinzunehmen, ist der »Glaswald« schon fast komplett. Aber eben noch nicht ganz.

Zu all dem dazu kommen nun noch alltägliche Machtspiele in Organisationen, machtgenerierende und -erhaltende Phänomene und Prozesse in hierarchischen Institutionen, sprachliche und kulturelle Feinheiten der männerdominierten Arbeitswelt, Regeln und Codes, Fallen und Tricks, die es zu kennen gilt, um erfolgreich auf dem Weg durch das Labyrinth unterwegs zu sein.

Dieses Buch nimmt letztere Facetten in den Fokus, beleuchtet aber zusätzlich auch kulturelle und sozialisationsbedingte Hintergründe des Irrgartens. Es will Frauen eine stark praxisorientierte, aber auch wo immer möglich evidenzbasierte Landkarte auf dem Weg durch das Labyrinth in die Hand geben. Das Buch richtet sich an alle Frauen mit Führungsfunktionen oder diejenigen, die eine solche anstreben, an Frauen in Akademie und Forschung, die verstehen möchten, weshalb ihr Karriereweg so steinig ist, und lernen wollen, mit mehr Leichtigkeit und weniger Energieaufwand ihr Ziel zu erreichen. Das Buch versteht sich aber auch als Dienstleistung für alle mehrfach beanspruchten Frauen, denen schlicht die Zeit fehlt, sich mit dem Thema Macht und Karriere ausgiebig zu beschäftigen und haufenweise Bücher und Artikel zum Thema zu wälzen. Das habe ich für sie getan.

# TEIL 1: FALLEN

## Organisationen und Mikropolitik

## Hierarchische Organisationen

> *Organisation ist das große Wort, dem die Zukunft gehört.*
> CHRISTIAN MORGENSTERN

Das Verhalten von Menschen in Organisationen, insbesondere ihre Karrierestrategien, mikropolitischen Aktionen und Machtspiele, lässt sich ohne Bezug zur Organisationsstruktur und der darin enthaltenen Dynamiken nur unzureichend erklären. Eine Reduktion auf Einzelgeschichten und -erfahrungen wäre eine Vereinfachung, die den Einfluss des Systems auf Individuen und das Zusammenspiel derer innerhalb der Organisation schlicht ignoriert. Es ist deshalb verständlich, dass Menschen so stark und emotional auf die gegenwärtige Diskussion um neue Organisationsformen und insbesondere auf moderne Modelle der Arbeitszeit und -platzgestaltung reagieren, und deren Veränderungen mit so viel Hoffnung auf eine menschen- und familienfreundlichere *Work-Life-Balance* verbunden sind.

Das von Frédéric Laloux, einem ehemaligen McKinsey-Berater, 2015 publizierte Buch *Reinventing Organizations*, das eine evolutionäre Typologie neuer Organisationsformen vorstellt, verzeichnet international einen durchschlagenden Erfolg, nicht zuletzt in der Welt der Berater und Beraterinnen. Laloux stellt reale Organisationen vor, die weitgehend auf hierarchische Strukturen und auf Managementfunktionen verzichten, auf selbstorganisierte Teams bauen und dennoch oder gerade deswegen einen beachtenswerten unternehmerischen Erfolg verzeichnen. Die Resonanz auf sein Buch liegt zum einen sicher in den faszinierenden Beispielen, zum anderen aber auch im großen Wunsch heutiger Arbeitnehmerinnen und -nehmer, den althergebrachten hierarchischen Strukturen mit ihrem Machtgefüge zu entkommen und ihre Kreativität und Eigenständigkeit in der Arbeit leben zu dürfen.

2011 erschien in der Harvard Business Review ein aufsehenerregender Artikel mit dem Titel »First, Let's Fire All the Managers«. Darin beschreibt Gary Hamel das Beispiel der Firma Morning Star, die in einer sogenannten *agilen Organisationsform* fast ohne hierarchische Ebenen auskommt und Entscheidungsbefugnisse samt finanziellen Kompetenzen bis ganz nach unten in die Produktion delegiert hat. Hierarchische Befehlsketten sind dabei abgelöst durch laterale Verhandlungen zwischen Abteilungen und Einzelpersonen und Konflikte werden entweder direkt unter den Betroffenen und in der Eskalation zunächst unter Beizug eines Mediators oder einer Mediatorin und danach in einem Kolleginnen- und Kollegenrat geklärt. Der CEO schreitet nur in seltenen Fällen als Berater und Entscheider ein. Die Resonanz auf den Artikel war enorm und agile Organisationen oder Organisationen mit zumindest agilen Elementen liegen im Trend. Dennoch handelt es sich bei diesen Beispielen nach wie vor um Ausnahmeerscheinungen, und es wird nicht selten vergessen, dass diese neuen Strukturen nur dann funktionieren, wenn, wie im Beispiel Morning Star, über lange Zeit eine entsprechende Kultur entwickelt werden konnte. Zudem müssen sehr viele Regeln und Prozesse installiert und genau eingehalten werden, damit das Modell funktioniert. Wer sich also unter agilen Organisationen quasi regelfreie Systeme und weitgehende Autonomie der Einzelpersonen vorstellt, liegt falsch. Der Aufwand von Installation und erfolgreichem Erhalt dieser Formen der Zusammenarbeit ist äußerst hoch und mit sehr großen Investitionen verbunden. Auch möchten nicht alle Menschen vorwiegend von Kollegen und Kolleginnen mitgesteuert und beurteilt werden, sondern vertrauen lieber auf eine Führungskraft, allerdings auf eine gute.

Wenn agile Organisationen nach wie vor Ausnahmeerscheinungen sind, stellt sich die Frage, welche Erfolgsfaktoren denn hierarchische Strukturen aufweisen, dass sie über so lange Zeit und auch heute noch die verbreitetste Organisationsform darstellen und in fast allen Unternehmen und Institutionen vorzufinden sind.

Die Urform der Hierarchie findet sich in der Familie, mehrheitlich im Patriarchat, deren Vorsteher, der *pater familias*, als Oberhaupt dieser Einheit oberste Entscheidungsgewalt innehatte. Für eine hierarchische Ordnung bedarf es in ihrer einfachsten Form nämlich nur zweier Elemente, die zueinander in Beziehung stehen und von denen eines dem anderen übergeordnet ist. Komplexere Hierarchien waren danach zuerst im religiösen Kontext anzutreffen, daher auch das Wort »Hierarchie«, das sich aus *ieros* heilig und *arche* Führung zusammensetzt. In einer *ierarchia* waren beispielsweise die Priesterklassen des alten Rom organisiert. In ihrer Weiterentwicklung als klassische Pyramidenstruktur sind Verantwortungen, Entscheidungsgewalt, Löhne und Einflussnahme nach hierarchischer Stufe und definierter Funktion festgelegt. Diese Klarheit wird nun auch meist als großer Vorteil solcher Organisationen gesehen, da sie schnelle Abläufe, Stabilität, Sicherheit und letztlich auch Karrierewege ermöglicht. Interessanterweise können aber genau diese Vorteile wiederum zu gravierenden Nachteilen werden, wenn die schnellen Abläufe durch zu detaillierte Zuständigkeiten (»Gärtchendenken«, Verhindern informeller Kommunikation, bzw. des »kleinen Dienstwegs«) ausgebremst werden, Stabilität zu Starrheit verkommt (schwerfällige Bürokratie) und Karrierewege wichtiger als inhaltliche Leistung sind. Auch die seit mehreren Jahrzehnten anhaltende Tendenz, produktive Einheiten zu verschlanken und stattdessen immer mehr Funktionen im oberen Management zu schaffen, trägt nicht zu mehr Effizienz bei, sondern schafft langwierige Prozesse und administrative Einheiten, die nicht selten purer *art pour l'art* dienen. Dennoch gibt es Organisationen oder Teile davon, in denen ohne eine klare hierarchische Struktur mit entsprechender Befehlskette die zu erbringende Leistung nicht möglich wäre. Wenn wir beispielsweise an die Notfallstation eines Krankenhauses oder an die Feuerwehr denken, sind flache Netzwerkstrukturen bestimmt nicht die geeignete Organisationsform. Mit der großen Organisationsrevolution nach dem Modell Laloux ist deshalb wohl nicht in absehbarer Zeit zu rechnen und die in seinem Werk postulierte *integral-evolutionäre* Organisationsform passt nicht auf alle Formen der Leistungserbringung. Sein Aufruf zu mehr sinnstiftender Arbeit, mehr Individualität und Selbstführung in Organisationen ist jedoch von großer Bedeutung und Aktualität.

Um das Umfeld, in dem man konkret tätig ist, besser verstehen und bespielen zu können, lohnt sich zunächst aber ein noch differenzierterer Blick auf Formen hierarchischer Organisationen. Dies ermöglicht eine nützliche Typologie sogenannter *Organisationskonfigurationen* von Henry Mintzberg, einem kanadischen Spezialisten für Management und Strategie, die aufzeigt, dass sich nicht eine einheitliche hierarchische Aufbauform über alle Organisationen legen lässt. Seine Grundkonfiguration besteht aus sechs Einheiten: Betrieblicher Kern (*operating core*), strategische Spitze (*strategic apex*), Mittelinie (*middle line*), Technostruktur (*technostructure*), Hilfsstab (*support staff*) und Ideologie (*ideology*). Die *einfache Struktur* besteht aus einer dominanten strategischen Spitze, in der Regel einem Unternehmer oder Patron, einem schwachen mittleren Management und dem betrieblichen Kern, der Produktionseinheit. Typische Beispiele dafür sind kleine Einzelunternehmen mit einem alles gestaltenden und entscheidenden Unternehmer an der Spitze.

In der sogenannten *Maschinenbürokratie* wird der betriebliche Kern nun stark standardisiert und in nach Funktionen und hierarchischen Ebenen abgegrenzten Einheiten organisiert, wobei die strategische Spitze als einziges Organ strategische Entscheidungen fällen darf. Die Technostruktur, das heißt die prozessgestaltenden Einheiten wie beispielsweise das Qualitätsmanagement und die Hilfsstäbe sind ausgebaut und verfügen über ein beträchtliches Maß an Macht. Weiterbildung wird hausintern betrieben und für die Einprägung der komplizierten Spielregeln und der geregelten Struktur verwendet. Typische Beispiele sind Industriebetriebe, Verwaltungen oder Banken.

Die *professionelle Bürokratie* oder *Expertenorganisation* zeichnet sich durch einen stark vergrößerten betrieblichen Kern mit spezialisierten Expertinnen und Experten aus. Der Hilfsstab, also der Rechtsdienst, die Human Resources und andere nicht wertschöpfende Einheiten, ist ausgebaut und wird zunehmend vergrößert. Die hoch spezialisierten Mitarbeitenden sind weitgehend unabhängig von ihren Kolleginnen und Kollegen tätig und vornehmlich auf ihre Kundschaft und nicht auf die Gesamtorganisation ausgerichtet. Typische Beispiele dafür sind Ärztinnen mit ihren Patienten und Patientinnen oder Professoren mit ihren Studierenden. In ihr Fach und in ihre Kundenbeziehungen lassen sie sich nicht hineinreden und die Administration hat nur indirekte Macht über sie. Klassische Vertreter dieser Organisationsformen sind Universitäten und Spitäler. Spannend an solchen Organisationen ist meiner Erfahrung nach, dass sich Mitarbeitende oder in Universitäten die Studierenden und der Mittelbau im betrieblichen Kern oft nicht bewusst sind, dass die wichtigste Spielregel der Organisation, nämlich die Unabhängigkeit der Experteneinheiten, zunehmend an Bedeutung verliert, je höher man in der Organisation aufsteigt. In der strategischen Spitze gelten Strategie, Finanzen, Beziehungen und Politik nun plötzlich mehr als Expertise. Wer also in einer Expertenorganisation Karriere machen will, muss neue Erfolgsstrategien beherrschen, um aufsteigen zu können. Diese Erkenntnis löst bei Betroffenen Bestürzung und Ablehnung aus. Eine Kluft zwischen offiziellen Werten und Realität der Organisation tut sich auf. Dieses Phänomen lässt sich auch dann beobachten, wenn Mitarbeitende von Expertenorganisationen nach dem Studium oder nach längerer Tätigkeit im Mittelbau einer Universität in andere Unternehmensformen, zum Beispiel in eine größere Verwaltung, wechseln. Hier tritt der Kulturschock, wie ich ihn selbst erfahren habe, unmittelbar ein.

Zuletzt beschreibt Mintzberg noch die sogenannte *Adhokratie*, die kein dominierendes Organisationselement mehr enthält. Sie ist innovativ und flexibel und die Beteiligten sind in der Lage, weitgehend alle notwendigen Funktionen zu übernehmen. Diese Organisationen sind in der Tat agil, bürokratisieren sich aber meist, wenn sie wachsen.

Ein weiteres beachtenswertes Phänomen, das das Arbeiten in hierarchischen Organisationen prägt, tritt ein, wenn sich Linienorganisation und Matrixorganisation treffen. Matrixorganisationen sind klassischerweise Projekte und heute zunehmend auch prozessorientierte Organisationsformen wie beispielsweise spezialisierte Zentren oder Patientenpfade in Krankenhäusern. Werden die Leitungsfunktionen dieser Einheiten mit Mitarbeitenden besetzt, die sich besonders durch ihre fachliche Leistung, nicht aber durch ihre Positionierung in der hierarchischen Organisation auszeichnen, gerät die Einheit nicht selten zum »zahnlosen Tiger«. Bei der Übernahme einer Matrixleitungsfunktion empfiehlt es sich also sehr, auf gute hierarchische Einbettung mit entsprechenden strategischen Beziehungen zu achten.

Wie wirkt sich denn nun, zusammengefasst, die hierarchische Organisation auf die Realität der darin beschäftigten Arbeitnehmerinnen und Arbeitnehmer aus? Sie schlagen sich täglich mit Unterstellungsverhältnissen, Dienstwegen und hierarchischen Rängen herum und es ist deshalb von großem Vorteil für sie zu lernen, wie man sich in einem solchen Umfeld erfolgreicher, geschickter und letztlich auch zufriedener bewegen kann. Deswegen sollen in diesem Buch einerseits typische Fallen aufgedeckt werden, in die die sich immer noch in eklatanter Minderheit befindenden Führungsfrauen oder Wissenschaftlerinnen zu tappen neigen und es werden andererseits Tricks und Taktiken vermittelt, die ihnen das Berufsleben erleichtern und zu mehr Gelassenheit im Umgang mit Konkurrenz und Macht verhelfen können. Wenn Machtspiele gespielt werden, geht es wortgemäß dabei natürlich um Macht, aber eben auch um Spiele, und deswegen lassen sich der manchmal lästigen Realität aus Konkurrenzdenken und verhärteten Strukturen durchaus auch amüsantere Seiten abgewinnen. Und solange eine Organisation hierarchisch aufgebaut ist, haben Mitarbeitende nur dann eine Chance, die Arbeitskultur zu verändern oder ihre Teams egalitärer zu führen, wenn sie sich zuerst spielerisch und kämpferisch eine entsprechende Position erarbeitet haben.

## Politische Arenen

*Es ist eine alte Wahrheit, dass man*
*in der Politik oft vom Feinde lernen muss.*

WLADIMIR ILJITSCH LENIN

»Wenn die Führung nur Verantwortung übernehmen und Macht-spiele untersagen würde, müsste man sich nicht mit Mikropolitik herumschlagen und könnte seine Energie einzig in produktive Arbeit stecken.«

So oder ähnlich tönt es oft von Mitarbeitenden und sogar von Führungskräften selbst, wenn sie, nicht zu Unrecht, empört sind über den zeitlichen und menschlichen Verschleiß, der durch mikropolitisches Agieren in Organisationen verursacht wird. Leider ist die Lösung nicht so einfach. Es gibt zwar Führungskräfte, die sich entsprechend engagieren und klassische Spiele wie zum Beispiel das Horten von Informationen bekämpfen, aber durchschlagender Erfolg lässt sich offenbar auch in diesen Fällen nicht erzielen. Weshalb ist das so?

Der deutsche Psychologe Oswald Neuberger definierte 2006 in *Mikropolitik und Moral in Organisationen* Mikropolitik als »die Summe jener kleinen Machtmethoden, mit denen innerhalb von Organisationen Macht aufgebaut und eingesetzt wird«. Je weniger strukturiert und offiziell geregelt ist, desto größer ist der Graubereich, in dem Mikropolitik geschieht. Und weil sich glücklicherweise nicht alles regeln lässt, gibt es keine Organisation ohne Mikropolitik. Es nützt folglich nichts zu hoffen, dass das Umfeld sich gänzlich unpolitisch gestaltet, sondern es bleiben nur zwei Optionen: sich ein Umfeld zu suchen, mit dessen Ausmaß und Stil von politischen Aktivitäten man einigermaßen leben kann, und/oder sich die wichtigsten Strategien anzueignen, um sich in dieser Arena behaupten und positionieren zu können und sich im Erfolgsfall anschließend für ein möglichst angenehmes und faires Klima einzusetzen.

Kathleen Kelley Reardon, Professorin für Management an der Southern California Marshall School of Business, analysiert und berät Organisationen hinsichtlich ihrer Kommunikationskultur und Produktivität und hat dabei festgestellt, dass diese beiden Felder stark von der innenpolitischen Funktionalität oder eben auch Dysfunktionalität abhängen. Sie schlägt in ihrem erhellenden Buch *The Secret Handshake* (2011) eine Typologie von vier politischen Arenen vor, die in unterschiedlichen Organisationen, oft aber auch nebeneinander in derselben Organisation, vorkommen und ihren Mitgliedern eine Umgebung anbieten, die diese wiederum in unterschiedlicher Weise »bespielen« können. Sie unterscheidet zwischen einer minimal, durchschnittlich, hoch und pathologisch politisch geprägten Arena.

Eine *minimal politisch geprägte* Arena hat sie beispielsweise bei der Firma Patagonia ausfindig gemacht, die bezüglich freier Arbeitszeiten, -orte und Familienfreundlichkeit als Vorreiterin gilt.

*Moderat politische* Organisationen sanktionieren formal kontraproduktives mikropolitisches Verhalten. Dieses findet sehr wohl trotzdem statt, aber eher dezent, und wird von den politisch agierenden Mitarbeitenden bestritten. Auch die Organisation als Ganzes tut so, als ob sich alle an die offiziellen Regeln halten würden: »Bei uns gibt es keine Mikropolitik!«. Dies hat unter anderem zur Folge, dass Konflikte nicht offen ausgetragen werden können. In solchen Organisationen finden sich parallel existierende Gesetze, geschriebene und ungeschriebene. Ein klassisches Beispiel für moderate politische Arenen sind Universitäten. Offiziell wird beispielsweise bekundet, dass Professoren und Professorinnen exzellente Lehre anbieten sollen, inoffiziell wissen alle, dass das Publizieren in wichtigen Journals einer der größten Erfolgsfaktoren für eine akademische Karriere ist. Von der Basis bis zur Mitte der Organisation sind Universitäten als Expertenorganisationen an der fachlichen Kompetenz und Expertise ihrer Spezialisten und Spezialistinnen orientiert, im strategischen Kopf hingegen wird nach anderen Regeln gespielt und fast nur noch politisch agiert.

In einer *hochpolitischen* Arena sind Konflikte allgegenwärtig. Sie ist voller ungeschriebener Regeln und Tabus und die hierarchischen Stufen der Organisation grenzen sich jeweils klar nach unten ab.

Wen man kennt ist wichtiger als was man weiß. Übergriffige Personen können zwar entlassen werden, was aber in der Regel an der Situation nicht viel ändert, da die Strukturen eine echte Veränderung nicht zulassen. Das System ist stärker als das Individuum.

Ein *pathologisch politisches* Umfeld kann daran erkannt werden, dass Mitarbeitende überdurchschnittlich stark ihre Vorgesetzten und andere mächtige Personen der Organisation umschmeicheln und sich gleichzeitig gegenüber weniger mächtigen Personen übergriffig und herablassend verhalten. *Impression Management*, das heißt die Steuerung des Eindrucks, den man auf andere macht, ist von größter Bedeutung. Informationen werden anderen Kollegen und Kolleginnen übermäßig oft vorenthalten und strategisch zur eigenen Positionierung eingesetzt. Wenn sich in der Organisation niemand getraut, offen Kritik zu üben, dann handelt es sich mit Bestimmtheit um ein pathologisch politisches Umfeld. Hinzu kommt noch die Tatsache, dass sich auch das führende Management entsprechend mikropolitisch verhält und deswegen keine Chance auf Unterstützung von oben besteht.

Zu jedem Umfeld gibt es nun passende Spielerinnen und Spieler. Kelley Reardon schlägt hier ebenfalls eine Typologie der individuellen politischen Stile vor. Sie unterscheidet zwischen Puristen und Puristinnen, Teamplayern, Straßenkämpferinnen und -kämpfern und Manövrierern und Manövriererinnen.

Puristinnen und Puristen glauben daran, durch harte Arbeit vorwärts zu kommen. Sie wollen sich nicht an Politik beteiligen und sind in der Regel ehrlich, wenn nicht gar naiv, wenn es um politische Machtspiele geht. Teamplayer glauben dann erfolgreich zu sein, wenn sie gut mit anderen zusammenarbeiten und beteiligen sich nur an Politik, wenn sie dem Vorankommen der Gruppe dient. Sie wollen ihre Eigeninteressen nicht vor die Interessen der Gruppe stellen. Straßenkämpfer und -kämpferinnen sind Individualisten, die denken, dass sie am besten mit harter Taktik vorankommen. Sie haben ihre persönlichen Vorteile im Fokus und sind immer auf Angriffe vorbereitet. Einige von ihnen sind geschickte Intriganten, andere haben schlicht schon zu oft erlebt, dass sie verheizt wurden, und sichern sich deshalb andauernd ab. Manövriererinnen und Manövrierer wiederum denken, dass sie durch geschicktes und dezentes Taktieren weiterkommen. Sie agieren subtiler als Straßenkämpfer und verfolgen sowohl ihre eigenen Ziele als auch die Ziele ihres Teams.

Es geht nun hier nicht in erster Linie darum, die verschiedenen Strategien zu werten, sondern zu betonen, dass es sich lohnt, mikropolitisches Verhalten zu verstehen und sich dann ein möglichst passendes Umfeld zu suchen und gleichzeitig sein Repertoire an Schachzügen zu erweitern.

Typologien sind immer zwiespältig. Zum einen sind sie, wie jedes Modell, starke Vereinfachungen. Es besteht die Gefahr, dass man durch die Anwendung einer solchen Typologie andere und sich selbst schubladisiert. Andererseits sind Modelle sehr hilfreich, wenn es darum geht, sich selbst und sein Verhalten in einem größeren Kontext zu reflektieren und einzuordnen. Baddeley und James beispielsweise haben in ihrem Artikel »Owl, Fox, Donkey, Sheep: Political Skills for Managers« bereits 1987 eine recht unterhaltsame, aber meiner Meinung nach griffige Typologie mikropolitischen Verhaltens vorgestellt, die direkt aus dem Tierreich stammt. Diese lädt wunderbar zum Schubladisieren ein, kann man doch nun im Arbeitsalltag sein eigenes und das Verhalten anderer »tierisch gut« wahrnehmen. Sie verwenden zwei Achsen, von denen eine den Grad des politischen Bewusstseins und die andere das Ausmaß des Einsatzes psychologischer Spielchen beschreibt. Über Kreuz gelegt ergeben sich hier auch wieder vier Typen mikropolitischen Verhaltens: Die *Schafe*, die weder merken, dass überhaupt politisch etwas läuft noch Spiele spielen wollen, die *Esel*, die die mikropolitischen Vorgänge ebenfalls nicht verstehen, aber trotzdem mit entsprechend geringem Erfolg mitspielen, die *Füchse* mit hohem innenpolitischem Bewusstsein, die psychologische Spielchen nur zu ihrem Eigennutz einsetzen, und zuletzt die *Eulen*, die politische Klugheit mit Integrität vereinen. Parallelen zum Modell von Kelley Reardon werden schnell sichtbar, hinzu kommt aber der Aspekt der politischen Unbedarftheit der Esel und Schafe, die sich nie durchsetzen werden, weil sie die Spielregeln nicht verstehen oder, im Fall der Schafe, nicht einmal wissen, dass es sie gibt.

Typologien können trotz aller Vereinfachung nützliche Gedankenstützen sein und einem helfen, das eigene Verhalten, die Umwelt und den sich daraus ergebenden *match* oder *missmatch* zu analysieren. Und sich dann der Frage zu stellen, ob man an den eigenen mikropolitischen Kompetenzen schrauben und dazulernen will oder sich nicht vielleicht doch ein anderes Umfeld suchen sollte. Eines ganz ohne Mikropolitik finden zu wollen, wäre hingegen wohl effektiv naiv.

Seien Sie also kein Schaf!

## Organisationsbeispiele

### An der Universität – The leaky pipeline

> *Ich kann mir nicht helfen, er war doch viel besser:*
> *der alte, deutsche, zerstreute Professor.*
>
> KURT TUCHOLSKY

*Dies ist meine Geschichte: Ich wurde von meiner Lehrerin, Schwester Conradine Marie, in der 7. Klasse an einer privaten katholischen Schule als Rednerin und Diskussionstalent entdeckt. Sie war maßgeblich daran beteiligt, mich für Sprachwettwerbe für Schülerinnen und Schüler der 7. bis 8. Klasse zu trainieren. Gemeinsam verbrachten wir nach der Schule unzählige Stunden damit, komplizierteste sprachliche Nuancen einzuüben, bis wir beide spürten, dass »ich jetzt bereit war«. Der Aufwand hatte sich gelohnt: In zwei aufeinander folgenden Jahren gewann ich jeden Sprach- und Debattierwettbewerb an lokalen, regionalen und größeren Veranstaltungen an der Ostküste und gewann schließlich den Preis eines Vollzeitstipendiums an der exklusiven Archmere Academy. Für diejenigen, die mit Archmere nicht vertraut sind – die Schule war in den 1970er Jahren eine rein männliche, hoch angesehene private High-School und ist heute eine erstklassige koedukative Schule. Von mir als eine der wenigen weiblichen Konkurrentinnen, wurde mit aller Selbstverständlichkeit erwartet, dass ich meinen Preis an den nächstplatzierten männlichen Teilnehmer weiterreichen würde. Und das habe ich getan.*

*Kannst du dir vorstellen, einen Preis zu gewinnen und ihn wegen deines Geschlechts sofort weitergeben zu müssen? Wäre ich, falls ich den Preis behalten und an das Gymnasium hätte gehen dürfen, vielleicht später an die juristische Fakultät gegangen? Hätte ich mich vielleicht getraut, Zahnärztin zu werden statt Dentalhygienikerin?*

*Was ich durch diese Diskriminierung verpasst habe, lässt sich nicht quantifizieren. Ich mache meine Geschichte hier öffentlich um in aller Deutlichkeit einzufordern, dass Menschen NIE WIEDER aufgrund ihres Geschlechts, ihrer Rasse, ihres sozioökonomischen Status, Religion oder Alters unterschätzt und benachteiligt werden!*

Jeannie, 55, Dentalhygienikerin, USA

Jeannies Geschichte, die sie mir kürzlich zugesandt und für diese Veröffentlichung zur Verfügung gestellt hat, ist die Geschichte vom Ende einer Karriere, bevor diese überhaupt beginnen konnte. Und sie ist typisch für eine Zeit, in der einige Eliteschulen und -universitäten Frauen nicht offenstanden. Ein anderes berühmtes Beispiel dafür ist Harvard, das bis 1999 Männern vorbehalten blieb und daneben Frauen eine universitäre Ausbildung im eigens für sie reservierten und ausgelagerten Radcliffe College (eine der Seven-Sisters-Universitäten) bot. Studentinnen von Radcliffe blieb bis in die 60er-Jahre die Lamont-Bibliothek in Harvard verschlossen, während die männlichen Harvard-Studenten die Radcliffe-Bibliothek benutzen durften.

Diskriminierende Zustände dieses Ausmaßes sind heute zum Glück in den größten Teilen der Welt Vergangenheit. Dennoch stehen Frauen während einer universitären Karriere nach wie vor vor Hürden, denen ihre männlichen Kommilitonen in dieser Form nicht begegnen. Der Verlauf der wissenschaftlichen Karrieren von Frauen wird oft mit einer undichten Rohrleitung, einer »leaky pipeline«, verglichen. Je höher die akademische Stufe, desto geringer ist der Frauenanteil. In der Schweiz bilden Frauen bis und mit Masterabschluss eine knappe Mehrheit unter den Studierenden, ab Doktorat ändert sich das Verhältnis. 57 % der Doktorierenden sind nun Männer. Unter den Postdocs sind noch 32 % Frauen vertreten und am Höhepunkt der Universitätskarriere, bei den Professuren, macht der Frauenanteil gerade noch 20 % aus. Der Frauenanteil bei den Professuren variiert zudem stark nach Fakultät. An der Universität Bern sind mit über 40 % die Theologinnen am höchsten und mit unter 5 % die Wirtschafts- und Sozialwissenschaftlerinnen am tiefsten vertreten. Dass auch bei den Sozialwissenschaftlerinnen der Frauenanteil auf Stufe Professur so tief ist, widerlegt die immer wieder gern geäußerte Auffassung, dass Frauen in Fächern mit einem höheren Frauenanteil bessere Karrierechancen hätten und sich das »Loch in der Röhre« schon von selbst schließen werde.

Weshalb enden nach wie vor so viele Frauenkarrieren in der Wissenschaft vor den höchsten Würden und Kaderstufen? Weshalb sickern sie an jeder neuen Biegung der Pipeline nach oben aus den Löchern?

Zum einen ist da die immer noch mangelnde Bereitschaft der Universitäten, ernsthaft Frauenförderung zu betreiben. Es wurden zwar in den letzten Jahren erfolgreiche Mentoringprogramme geschaffen, aber diese sind immer noch Einzelmaßnahmen für die Unterstützung der Ausnahmekategorie Frau auf dem universitären Karriereweg. Sie ersetzen konsequente Frauenförderung im Rahmen von Anstellungsverfahren und ein aktives Entgegenwirken des sogenannten *gender bias* nicht. Die Unterstützung von Frauen durch Vorgesetzte und die Einbindung in die wesentlichen Netzwerke findet nur vereinzelt statt. Der *gender bias*, das heißt, das nach wie vor vorherrschende Bild des männlichen Professors und Forschers, hindert die Karriereförderer und Entscheider auch unbewusst daran, Frauen als mögliche Kandidatinnen für höhere Funktionen an der Universität wahrzunehmen. Das Bild des älteren männlichen Professors sitzt in vielen Köpfen immer noch fest. Und es entspricht ja auch immer noch weitgehend der Realität: Christoph Farkas zeigt in einer von *ZEIT* Campus 2019 erstellten Statistik auf, dass die meisten Hochschullehrer in Deutschland Hans, Klaus und Peter heißen. Wenige heißen Susanne, kaum welche Stefanie oder Anne. Absoluter Seltenheitswert haben Aishas oder Olgas. Die Häufigkeit, bzw. Seltenheit der Namen sagt nicht nur einiges über die Geschlechterverteilung, sondern auch über Alter und Herkunft aus. Diversität ist in diesen Kreisen folglich nur Theorie. Wenn Akademikerinnen dann aber beispielsweise in Berufungsverfahren versuchen, sich wie ein männlicher Kandidat zu verhalten und möglichst wenig dem weiblichen Stereotyp zu entsprechen, kommt das auch wieder nicht gut an. Eine Professorin, die immer wieder an Berufungsverfahren teilnimmt, hat mir vor kurzem erzählt, dass Frauen, die selbstbewusst angemessene und gleich hohe Lohnforderungen stellen wie ihre männlichen Mitbewerber, häufig als schwierige Persönlichkeiten beurteilt werden, während bei ihren Konkurrenten die Gehaltsvorstellungen als absolut normal und unauffällig gelten.

Wo landen denn nun etliche, der einst vielversprechenden jungen Wissenschaftlerinnen? Anne Schreiter (Farkas 2019), Mitglied des Vorstands des Netzwerks Wissensmanagement, stellt fest, dass rund zwei Drittel der Wissensmanagerinnen Frauen sind. Obwohl die Zahl der auch noch nach der Dissertation an der Universität beschäftigten Frauen in den letzten Jahren gestiegen ist, arbeiten viele nach der Promotion nicht an einer Habilitation oder in einem Drittmittelprojekt, sondern in einem Gebiet, das weniger öffentliche Sichtbarkeit und Karrieremöglichkeiten bietet. Ein Grund dafür ist die Verlässlichkeit dieses beruflichen Schritts, was vor allem für Wissenschaftlerinnen mit Kindern ein wichtiger Faktor ist. Das Feld der Forschung nach der Dissertation unterliegt nämlich dem sogenannten *Hazard*. Das »Hasard Wissenschaft«, das Max Weber bereits 1917 in *Wissenschaft als Beruf* beschrieb, bedeutet eine Karrierephase des Zufalls und der Fügung, eine unsichere Zeit mit vielen geographischen Wechseln, wenig Verdienst und Vorhersehbarkeit der nächsten Schritte.

### Doktorierende und Postdocs

Frauen auf einem akademischen Karriereweg sind zudem genauso wie Kaderfrauen anderer Institutionen von Glaswänden betroffen, die nichts mit den Besonderheiten eines akademischen Betriebs zu tun haben. Das sind zum Beispiel Fragen der Vereinbarkeit von Karriere und Familie, der Realisierung von Doppelkarrieren oder

Ansprechen der persönlichen Lebenssituation bei Anstellungsverfahren. Die Vereinbarkeit von Karriere und Familie gewinnt zudem in der Postdoc-Phase an Brisanz, da geographische Mobilität karriereentscheidend sein kann. Neben der Familienfrage gibt es aber zudem ein paar Glaswände, die speziell im universitären Labyrinth zu finden sind und deren genauere Betrachtung sich lohnt.

Der amerikanische Wirtschaftswissenschaftler David Hamermesh hat in einem unveröffentlichten Artikel (»An Old Male Economist's Advice to Young Female Economists« 2004) aus seiner Perspektive des älteren männlichen Professors hingeschaut und ein paar bemerkenswerte Beobachtungen gemacht, die sich auch mit vielen Geschichten decken, die mir in meinen Weiterbildungen und Coachings an Universitäten zu Ohren kommen.

Grundsätzlich lauten seine Ratschläge an alle Doktorierenden, seien sie männlich oder weiblich, gleich: Arbeite 60 Stunden pro Woche, exponiere dich mit deinen Thesen und Ideen an Seminaren und Veranstaltungen deiner Universität, an Konferenzen und internationalen Treffen, publiziere in den wichtigsten Journals und lasse dich von Zurückweisungen nicht entmutigen. Wie nun diese Ratschläge gelesen und interpretiert, ob und in welcher Form sie umgesetzt werden, da sind hingegen Unterschiede zwischen den Geschlechtern auszumachen.

Hamermesh sieht Gefahr und Chance bereits in der Wahl des Dissertationsthemas und der Geschwindigkeit, in der dieses gewählt und umgesetzt wird. Viele Frauen wählen seit den 60er und 70er Jahren sogenannte *women's topics*, wie beispielsweise das »Erwerbsverhalten von Frauen« oder »Familienökonomie«. Selbstverständlich sind diese Themen sehr wichtig, und es war längst überfällig, dass frauenspezifische Themen wissenschaftlich abgehandelt wurden. Allerdings ist der Anteil dieser Themen an der Gesamtheit der Dissertationen von Frauen überproportional. Wirtschaftswissenschaftlerinnen beispielsweise sind bei in Bezug auf Karriere sehr erfolgsversprechenden Gebieten wie Ökonometrie und internationale Ökonomie untervertreten. Die Folgen davon sollten nicht unterschätzt werden.

Als ich zu meiner Studienzeit dabei war, meine Lizenziatsarbeit zu verfassen, hat mir zu meinem großen Glück ein männlicher Oberassistent einmal gesagt: »Eine gute Lizenziatsarbeit ist eine fertige Lizenziatsarbeit.« Dies trifft in einem gewissen Maße auch noch auf Dissertationen zu. Wie auch im Kapitel über Selbstvertrauen, »Reden statt Tun«, beschrieben, neigen Frauen häufig zu längerem Zögern und mehr negativ orientierter Reflexion. Was könnte alles schiefgehen, kann ich das überhaupt? Hier schlägt auch noch das Hochstaplersyndrom zu. Aber selbst bei einer Dissertation ist Loslegen und »es einfach Tun« der erfolgreichere Ansatz.

Während des Tuns, beziehungsweise des Schreibens, spielt nun die Beziehung zu und Interaktion mit dem »Doktorvater« oder der »Doktormutter« eine große Rolle. Hamermeshs Ratschlag hier lautet: »Verstecke dich nicht vor deinem *thesis advisor*.« Viele Doktorandinnen würden nun wohl antworten, dass sie das bestimmt nicht tun, sondern aktiv den Kontakt halten würden. Leider kommt hier eine unterschiedliche Interpretation der Form des Kontakts zum Tragen, die viel mit Sozialisation zu tun hat. Selbst erwachsene Frauen verhalten sich gegenüber ihren Chefs und eben auch Doktorvätern manchmal noch wie Schulmädchen, die es der Lehrerin rechtmachen wollen. (Die Wahl des Geschlechts der eben erwähnten Bezugspersonen ist nicht zufällig, sondern entspricht der effektiven Vertretung.) Leider hat nun ein Verhalten, das gegenüber der Lehrerin noch erfolgreich war, hier keine positive Wirkung mehr und ist, wenn es gegenüber männlichen Vorgesetzten angewendet wird, noch ungeschickter. Mit diesem Verhalten ist der perfektionistische Umgang mit der Arbeit gemeint, nach dem Grundsatz: Arbeite so gründlich und leider auch so lange an deinem Text, bis du ihn möglichst perfekt und fehlerfrei bei der nächsten Besprechung vorlegen kannst! Die höchste Schulnote wird hier bereits bei jedem Meeting mit dem Doktorvater angestrebt, was zu Vermeidung und Herausschieben ebendieser Meetings führt. Dabei sollte zentraler Teil der Treffen das gemeinsame Reflektieren und Austesten von Ideen sein. Auch hier wird also erneut gezögert.

Ein weiterer erfolgsverhindernder Faktor ist das Ignorieren des sogenannten Pareto-Prinzips, das besagt, dass 20 % des Einsatzes bereits 80 % des Resultats bringen. Es gilt folglich genau hinzusehen, wie die knapp – und bei Frauen oft noch knapper – bemessene Zeit eingesetzt wird. Durch welche Aufgaben kommt man in Kontakt mit den entscheidenden Förderern und Förderinnen auf dem Karriereweg? Was ist die Außenwirkung, die mit welchen Aktivitäten erzeugt wird? Entsteht ein strategisches Netzwerk zu den künftigen Entscheidern und Entscheiderinnen über die angestrebte Karriere? Welche Aufgaben und Aktivitäten qualifizieren für eine spätere Professur? Haben diese ein hohes Ansehen oder gehören sie zu den »kleinen Jobs«, von denen mir Frauen in Coachings immer wieder erzählen? Frauen neigen gemäß einer Studie von Linda Babcock (Babcock et.al. 2017) wesentlich stärker zu sogenanntem *reluctant volunteering*, also zögerlichem, aber dennoch freiwilligem Annehmen von prestigearmen Aufgaben. Wenn der Chef, bzw. der Professor, am Ende einer Sitzung fragt, wer eine notwendige, aber unbeliebte und bestimmt nicht karrierefördernde Aufgabe übernehmen möchte, meldet sich nach einem Moment betretenen Schweigens und Wegschauens in der Regel eine Frau: »Dann übernehme ich das halt.« Unter diese nicht beförderungswürdigen Aufgaben fallen typischerweise sogenanntes *office homework* wie das Organisieren eines Festanlasses oder eines Ausflugs, die Vertretung abwesender Kollegen und Kolleginnen oder der Einsitz in einem minder wichtigen Gremium. An einer öffentlichen Universität in den USA beispielsweise wurden alle 3 271 Fakultätsmitglieder gefragt, ob sie freiwillig einem Senatsausschuss beitreten möchten. Von den Frauen meldeten sich 7 %, von den Männern 2.6 %. Bei einer Umfrage an der Carnegie Mellon University bestätigten 90 % der Befragten, dass Assistenzprofessorinnen und Assistenzprofessoren eine wesentlich höhere Chance auf Beförderung haben, wenn sie ihren zeitlichen Spielraum für Forschung statt für Arbeit in Ausschüssen einsetzen. Die Studie von Babcock et. al. zeigte zudem auf, dass Frauen sich nicht nur von sich aus eher auf promotionshindernde Aufgaben einlassen, sie werden auch 44 % häufiger zu dieser Art von Arbeit aufgefordert als ihre männlichen Kollegen.

Und da ja, eigentlich zum Glück, immer mehr auf Geschlechterausgewogenheit in vielen Gremien geschaut wird, werden die sich zahlenmäßig bereits in der Minderheit befindenden Doktorandinnen und postdoktorierenden Frauen noch häufiger für einen Einsitz in ebendiese angefragt. Selbstverständlich trifft dies wiederum nicht auf die wirklich karriereentscheidenden und prestigeträchtigen Gremien zu. Sonst würde die Vertretung von Frauen an der Spitze der Universitäten bereits ganz anders aussehen.

Auch verbringen Frauen im Lauf ihrer Universitätskarriere mehr Zeit mit der Betreuung von Studierenden und mit der Lehre. Beide sind wichtige Aufgaben, wirken sich aber leider kaum auf den Aufbau von Netzwerken oder eines guten Selbstmarketings aus, die zu den wichtigsten Karrierehebeln gehören. Die gute Schülerin von damals wird nun zur Lehrerin. Hamermesh bezeichnet die Belastung von Akademikerinnen mit all diesen prestigearmen Aufgaben sogar als »Geschlechterausbeutung«. Gerade in stark forschungslastigen Departementen ist es sehr wichtig klarzumachen, dass Teaching nur eine Aktivität unter anderen ist. Zusätzliche Teachingzeit wird nicht belohnt.

Wenn es ums Publizieren geht, sind die Akademikerinnen oft benachteiligt, da biographisch bedingte Unterbrüche wie Mutterschaft oder auch Teilzeitzeitarbeit die Produktion von wissenschaftlichen Aufsätzen hemmt. Obwohl man die Bedeutung und auch die gängige sehr hohe Bewertung der Publikationsliste durchaus kritisch sehen kann, ist sie dennoch ein wichtiger Maßstab für die akademische Qualifikation. Frauen entgeht oft, wenn es um Publikationen geht, dass ein gutes Netzwerk und klare schriftliche Abmachungen zur Autorschaft von großer Bedeutung sind, da sie hauptsächlich die Qualität, Korrektheit und Einmaligkeit eines wissenschaftlichen Artikels in den Vordergrund stellen. Sie arbeiten länger als ihre Kollegen an einer Publikation, weil sie Perfektion anstreben, zögern bei der Einreichung und verhandeln zu spät oder gar nicht um ihren Platz in der Reihenfolge der Autoren und Autorinnen auf dem Paper. In meinen Coachings habe ich es immer wieder mit Akademikerinnen zu tun, die nach langer – zu langer – Arbeit an einer Publikation feststellen, dass ihr Name nicht an der gewünschten und durchaus auch verdienten Stelle erscheint. Männer hingegen setzen oft auf Quantität und Tempo und helfen sich gegenseitig mit Gefallen und Gegengefallen ihre Liste zu verlängern.

Geht es nun konkret um die Bewerbung auf eine Professur, lassen sich ebenfalls Unterschiede zwischen dem Vorgehen von Männern und Frauen feststellen. In einer Studie der Akademien der Wissenschaften Schweiz, stellt die Autorin Patricia Felber fest, dass die Frauen sich erst auf Professuren bewerben, wenn sie sicher sind, dass sie alle Kriterien erfüllen. Sie bewerben sich zudem nur selektiv und auch nur dort, wo sie eine reelle Chance sehen. Auch hier in den Berufungsverfahren lässt sich wieder das bereits mehrfach festgestellte zögerliche Handeln von Frauen beobachten. Die selteneren Bewerbungen von Frauen führen dazu, dass sie weniger Erfahrung in den Verfahren selbst machen und es ihnen dann an Übung fehlt, wenn es wirklich darauf ankommt. Indem Männer ihren Bekanntheitsgrad und ihre Sichtbarkeit durch eine häufigere Teilnahme an Berufungsverfahren erhöhen können, gewinnen sie einen weiteren Wettbewerbsvorteil. Wie Felber aber zusätzlich feststellt, kritisieren Akademikerinnen zu Recht die mangelnde Transparenz der Auswahlkriterien, den großen Aufwand und die Langwierigkeit der Verfahren und leider auch den mangelnden Respekt, der ihnen entgegengebracht wird. Kommt dann auch noch die Mehrfachbelastung durch gleichzeitige Laufbahn und Mutterschaft hinzu, wird auch gut nachvollziehbar, dass Frauen Berufungsverfahren nicht einfach so »zum Spaß« üben. Notwendig wäre es trotzdem.

### Professorinnen

Ist es nun doch gelungen eine Professur zu erlangen, was zunächst einmal meist eine Assistenzprofessur ist, sind die Fallen noch nicht aus dem Weg geräumt. Eine Gefahr lauert in Form der »weiblichen Sichtweise«: Als einzige Frau oder eine der wenigen Frauen im Kollegium, in Gremien oder an Sitzungen steht man automatisch im Scheinwerferlicht. Hier kann es nun leicht passieren, dass man entweder von sich aus in erster Linie die Rolle »als Frau« besetzt oder in sie hineingedrängt wird. Wenn es aber um Wissenschaft und Forschung geht, ist die Sicht »als Frau« sekundär und sogar gefährlich. Solange Männer nicht genau so oft nach ihrer »männlichen Sichtweise« gefragt werden, wird man durch die weibliche Sicht automatisch an den Rand der Gruppe geschoben oder gar heruntergestuft. Der Professorin haftet das Etikett »Ausnahmefall« zum Normalfall Professor an. Noch schlimmer ist es, wenn sie auch noch die Etikette »Mutter« angeklebt bekommt. Eine Professorin erzählte mir, dass sie als einzige Frau in einem Rat von einem Kollegen bei jedem Treffen betont laut gefragt wurde: »Und wie geht es Ihren Kindern?« Was als freundliche und eventuell sogar ernst gemeinte Erkundigung nach dem Nachwuchs aufgefasst werden könnte, hat keine andere Wirkung als die Verwandlung der Wissenschaftlerin in eine Mutter und in diesem Kontext nichts zu suchen.

Als junge Professorin steht nun noch einmal ein entscheidender Schritt zur Positionierung an. Es gilt, sich ganz klar von den Studierenden abzugrenzen. Das ist für eine Frau leider noch wichtiger als für einen Mann. Einem Mann wird von Außenstehenden automatisch mehr Autorität und professorale Würde zugeschrieben als einer Frau, weil er stärker dem gängigen Stereotyp entspricht. Die Frau muss ihren Karriereschritt folglich schon fast überbetonen, um ernst genommen zu werden. Leider ist dies für sie nun aber schwieriger als für einen Mann, was mit der weiblichen Sozialisation zu tun hat. Mädchen lernen in ihren Peergroups sich zurückzunehmen, wenn sie nicht als zu dominant gelten und entsprechend angegriffen oder ausgeschlossen werden möchten. Viele Frauen, die später erfolgreich sind in ihrem Beruf und ihrer Karriere, waren tendenziell als Mädchen eher dominant und haben schon entsprechend leidvolle Erfahrungen gemacht. Und so bleibt es auch im Erwachsenenleben: Frauen, die in Führungspositionen aufsteigen, haben immer damit zu kämpfen, dass dies von den zurückgelassenen Frauen nicht goutiert wird. Sie verlassen die postulierte Gleichheit in der Frauengruppe und laufen schnell Gefahr, als hochnäsig oder überheblich abgestempelt zu werden. Schon fast reflexartig versuchen sie nun, den hierarchischen Unterschied herunterzuspielen und zu verwischen. Mir sind Akademikerinnen bekannt, die ihren Kolleginnen ihren Aufstieg zu verheimlichen versuchen, um nicht isoliert zu werden. Leider ist dieses Verhalten nun überhaupt keine erfolgreiche Option, wenn es darum geht sich zu positionieren. Es wäre ja vielmehr wichtig, den hierarchischen Unterschied zu betonen, um im Kreis der Statusspieler ernst genommen zu werden. Neben der klaren Benennung von Position und Titel helfen hier auch professionelle Kleidung und Frisur, die ausdrücken, dass man keine Studentin mehr ist. Darüber hinaus ist es wichtig, gegenüber Studierenden keine Mutterrolle einzunehmen. Studenten und Studentinnen erwarten von weiblichen Professorinnen nämlich viel mehr Betreuung als von deren männlichen Kollegen, und dies auch noch außerhalb der offiziellen Arbeitszeiten.

Während die Studierenden bei männlichen Professoren nur vor den Examen in Scharen auflaufen, sind sie vor den Türen der weiblichen Professorinnen viel häufiger anzutreffen. Hier gilt es, sich klar abzugrenzen. Vor allem mit persönlichen und privaten Problemen von Studierenden sollte sich die Professorin nicht zu sehr beschäftigen, dafür gibt es geeignete Beratungsstellen. Rollenklarheit hilft hier übrigens sowohl den Professorinnen als auch den Studierenden. Letztere sollten die knapp bemessene Zeit mit ihren Doktormüttern nämlich besser für akademische Themen nutzen, als sich eine Lebensberatung einzuholen.

Die Spezialität einiger männlicher Studenten ist das Belästigen junger Professorinnen mit Sonderwünschen. Sie versuchen Abgabetermine zu verschieben, Prüfungen hinauszuzögern oder eine bessere Beurteilung zu erreichen. In einem mir aus einem Coaching bekannten Fall, haben drei Studenten die Benotung ihrer Arbeit durch die Professorin dreimal in Folge in Frage gestellt und sie mit E-Mails bombardiert. Dies obwohl die Note, eine schweizerische Fünf, durchaus fair und nachvollziehbar war. Auf solches Drängen immer wieder einzugehen bedeutet mehr Aufwand für die Professorin und gibt den Studenten das Gefühl, das System ausnutzen zu können. Die Professorin bekommt den Ruf, zu weich und beeinflussbar zu sein, wenn es ihr hier an Autorität, Klarheit und Strenge fehlt. Dies wiederum führt zu Folgeproblemen mit ebendiesen Studenten.

Aber aufgepasst: Sind jetzt plötzlich die Frauen selbst schuld, wenn sie weniger schnell und erfolgreich Karriere machen als ihre männlichen Kollegen?

So einfach ist es nun wirklich nicht. Unbewusste Vorurteile, Stereotypen und veraltete Rollenbilder wirken Frauenkarrieren in der Akademie entgegen. Und setzen sie sich klar und mit einer gewissen Härte durch, werden sie als »schwierig« oder als »Zicken« abgestempelt. Frauen müssen mehr leisten, um Anerkennung zu erhalten als ihre Kollegen. Auch von sexueller Belästigung sind sie auf ihrem Weg nach oben nicht selten betroffen. Erst in jüngster Zeit sind an mehreren Schweizer Universitäten solche Fälle publik geworden. All dies ist mehr als ungerecht. Wenn Wissenschaftlerinnen aber die beschriebenen Fallen kennen und gekonnt umschiffen, können sie wenigstens vermeiden, sich noch zusätzlich durch ihnen selbst unbewusstes, karrierebehinderndes Verhalten zu schaden.

## Feminisierung im Spital

*Für die Erektionsstörung zur Urologin*
NZZ, 15.4.2017

Der Anteil an Frauen in der Ärzteschaft in der Schweiz steigt weiter. Nur bei den über Vierzigjährigen stellen die männlichen Ärzte noch die Mehrheit. Bei den ärztlichen Führungspositionen setzt sich die neue Geschlechterverteilung bisher allerdings nur langsam durch. Während die Medizin in den unteren Rängen weiter »feminisiert« wird, verblieben 2017 88 % der Chefarztpositionen in männlicher Hand. Unter den Oberärzten und -ärztinnen fanden sich noch 47 % Frauen und unter den leitenden Ärzten und Ärztinnen 24 %. Es scheint also eine zweifache gläserne Decke, nämlich eine vor der Beförderung zur leitenden Ärztin und dann noch eine zweite vor dem Aufstieg in die Chefarztposition zu geben. Auch bei den Löhnen bestehen nach wie vor beträchtliche Unterschiede zwischen den Geschlechtern. Gemäß einer Studie des Bundesamts für Gesundheit 2018 verdienen Fachärztinnen substanziell 29 % weniger als ihre männlichen Kollegen. Was macht es Ärztinnen trotz ihrer Überzahl so viel schwerer Karriere in einem Spital zu machen als Ärzten? Es ist doch einigermaßen erstaunlich, dass das Potenzial an bestausgebildeten Ärztinnen so wenig genutzt wird, während gleichzeitig in einigen Fachgebieten bereits großer Mangel an Nachwuchskräften herrscht. Auch wird die Rekrutierung von Ärzten und Ärztinnen aus dem Ausland immer schwieriger und weist zudem auch ethisch erhebliche Fragezeichen auf.

Neben den bereits im Kapitel über Universitäten beschriebenen Gründen für die »leaky pipeline«, gibt es zusätzliche spitalspezifische Faktoren:

*Nur bedingte Lust auf Karriere*

Eine in Deutschland durchgeführte Studie (Van den Bussche et al. 2018) zeigte deutlich, dass die Attraktivität einer ununterbrochenen Vollzeittätigkeit bei den Berufsanfängern und -anfängerinnen in der Ärzteschaft deutlich abgenommen hat. 30 % der Befragten gingen davon aus, dass sie die vorgeschriebene Mindestzeit für die Erlangung eines Facharzttitels von 18 Monaten nicht mehr einhalten können. Die Frauen mit Kind in dieser Gruppe waren noch wesentlich pessimistischer. Sie gingen gar von einer Verdoppelung der Verspätung auf dem Weg zum Facharzttitel aus. Die Wahrscheinlichkeit, irgendwann eine Führungsposition zu erlangen, ist bei Ärzten viermal größer als bei ihren Berufskolleginnen. Bei beiden Geschlechtern hat sich jedoch die Attraktivität einer Chefarztpositon erheblich verringert. Die veränderte Einschätzung einer Spitalkarriere bei den Berufsanfängerinnen und -anfängern in der Ärzteschaft ist also kein rein weibliches Phänomen, sondern auch eine Generationenfrage. Dennoch sind Ärztinnen deutlich mehr von erschwerenden Faktoren wie Vereinbarkeit von Beruf und Familie, Stereotypen der männlichen Führungskraft, kulturellen Normen und Umgangsformen und sexueller Belästigung betroffen und dadurch auf ihrem Karriereweg wesentlich behindert.

### Berufsgruppen und fachliche Ausrichtung

Im Mittelalter und in der frühen Neuzeit waren Spitäler Einrichtungen für Bedürftige, die dort versorgt und beherbergt wurden. Zunächst in geistlicher Hand, wurden sie mit der Zeit weitgehend von Städten und Gemeinden übernommen und zu spezialisierten Institutionen für Heilung und Pflege kranker Menschen. Die ersten modernen Krankenhäuser entstanden im 18. Jahrhundert unter anderem in Folge der Pest. Ein berühmtes Beispiel dafür ist die Charité in Berlin. Diese moderneren Krankenhäuser waren bis ins 19. Jahrhundert hauptsächlich für die Unterschicht gedacht; reiche Leute zogen es vor, sich privat zu Hause behandeln zu lassen.

Die noch heute wichtigsten Berufsgruppen in Spitälern entstanden während der oben beschriebenen historischen Entwicklung. Kranke wurden zur Zeit der geistlich geführten Spitäler hauptsächlich von Ordensschwestern betreut und erst im 19. Jahrhundert kam eine professionalisierte und akademische Ärzteschaft dazu, welche fast ausschließlich männlich war. In Zürich wurden ab 1864 erstmals in der Schweiz Frauen zum Medizinstudium zugelassen, in Deutschland erst ab 1908. Die geschlechtsspezifische Verteilung in den Hauptberufsgruppen der Spitäler hat sich zwar in den letzten Jahren etwas verschoben, die Überzahl der Frauen in der Pflege ist aber mit rund drei Viertel noch immer deutlich. Bei den Ärzten und Ärztinnen wird die Dominanz der Männer hingegen erst wirklich sichtbar, wenn man die höheren Funktionen und die Verteilung nach Fachrichtungen genauer betrachtet. Eine Befragung von Absolventinnen und Absolventen des Medizinstudiums bezüglich ihrer Vorstellungen zu ihrer künftigen Berufstätigkeit (Gedrose et al. 2012) ergab unter anderem, dass Ärzte sich in chirurgischen Disziplinen und Subspezialitäten der Inneren Medizin sahen, während Ärztinnen eher Frauen- und Kinderheilkunde und kleinere Fachgebiete wie beispielsweise die Dermatologie bevorzugten. Diese Ergebnisse deuten auf ein andauerndes geschlechtsspezifisches Bestehen traditioneller Vorstellungen der fachärztlichen Ausbildungen und den damit verbundenen stereotypen Bildern eines Arztes oder einer Ärztin hin.

Bei den lukrativsten Fachrichtungen wie beispielsweise der Chirurgie oder der Gastroenterologie betrug der Frauenanteil in der Schweiz bei den Abschlüssen 2017 unter 20 % (FMH-Statistik 2017, BAG-Studie 2018), während in der Kinder- und Jugendpsychiatrie oder der Psychiatrie und Psychotherapie mit den niedrigsten Einkommen der Frauenanteil bei über 60 %, bzw. über 80 % lag. Nun könnte man ganz einfach zum Schluss kommen, dass Frauen halt die falschen Fachrichtungen wählen. Bestimmt kann ein verstärktes Interesse von Frauen an eher kommunikativen Berufen diese Verteilung beeinflussen. Das Vermeiden einer Karriere in männerlastigen Fachrichtungen, beispielsweise in der Chirurgie, hat aber auch sehr viel mit der Umgangskultur und eben auch mit der Überzahl der männlichen Kollegen darin zu tun. Viele Ärztinnen in meinen Coachings oder Weiterbildungen sagen, dass sie Chirurgie zwar schon interessiert hätte, sie sich aber dieses Umfeld nicht hätten antun wollen. Es gibt also durchaus kulturelle und geschlechtsspezifische Hindernisse, die gegen Karrierewege in lukrativen Fachgebieten sprechen. Als weiterer Faktor kommt hier auch noch die These der »kulturellen Entwertung« hinzu, die besagt, dass das Ansehen eines Berufsfeldes sinkt, wenn der Frauenanteil erheblich steigt. Ausgehend davon hat dies nun wiederum zur Folge, dass in denjenigen Fachrichtungen, in denen der Frauenanteil hoch ist, die wenigen Männer umso bestrebter sind, möglichst schnell Karriere machen, um diesen Nachteil für sich selbst auszugleichen. In der Schweiz gibt es beispielsweise im Fach Gynäkologie und Geburtshilfe nur ganz wenige habilitierte Frauen und Klinikdirektorinnen. Ausgerechnet in diesem Fach sind nach wie vor die meisten Kaderstellen von Männern besetzt. Ein Chefarzt Gynäkologie, soll sogar einmal gesagt haben: »Frauen in der Gynäkologie sind der Untergang unseres Fachs«. Ein anderer erklärt neuen Assistentinnen, dass sie an ihm niemals vorbeikommen würden. Was genau er damit meint, bleibt etwas unscharf. Erfreulicherweise findet aber im Moment dennoch ein Nachrücken mehrerer Gynäkologinnen auf leitende Arztpositionen statt. Dies ist zumindest ein Anfang. Spannend ist auch, dass in einem Fach wie der Gynäkologie, in dem Patientinnen ausschließlich Frauen sind, diese offenbar in vielen Fällen nicht unbedingt eine Frau als behandelnde Ärztin vorziehen, während umgekehrt in der Urologie, wo die Patienten meist Männer sind, der Frauenanteil bei den Facharzttiteln zurzeit nur 2 % beträgt. Wie viele Männer eine Urologin vorziehen würden, bleibt bei dem minimalen Angebot unklar. Es ist durchaus möglich, dass auch Patientinnen und Patienten einen Einfluss auf die geschlechtsspezifische Zusammensetzung der Ärzteschaft haben.

Eine Studie (JAMA Internal Medicine 2016) zeigte auf, dass Patientinnen und Patienten, die von einer Frau behandelt wurden, ein 4 % tieferes (relatives) Risiko hatten, innerhalb von 30 Tagen nach Spitaleintritt zu sterben, und ein 5 % kleineres Risiko, in dieser Zeit erneut hospitalisiert zu werden. Dieser Zusammenhang war bei acht häufigen Krankheiten und verschiedenen Schweregraden der Erkrankung nachweisbar. Es wäre also nicht unbedingt unklug seitens Patientinnen und Patienten vermehrt auf eine Ärztin zu setzen.

Ohne eine Veränderung von Geschlechterstereotypen, eingefahrenen Denkmustern und Einstellungen, toxischen Umgangsformen und der Entwicklung einer konstruktiven Arbeitskultur werden es Frauen in verschiedenen Fachrichtungen der Medizin noch lange schwer haben. Eine vom Institut für Geschlechterforschung der Universität Bern 2014 durchgeführte interne Studie an vier medizinischen Instituten zeigte zwar auf, dass ein Großteil der 159 befragten Männer und Frauen mit ihrer Arbeitssituation zufrieden waren. Immerhin fast ein Drittel der befragten Personen gab an, deutliche Schwierigkeiten in den Bereichen Führungsstil und Arbeitsbedingungen angetroffen zu haben. Auch nannten viele Frauen konkrete Benachteiligungen aufgrund ihres Geschlechts. Neben Diskriminierung bezüglich Teilzeitanstellungen und Familiensituation, von der auch einige Männer betroffen waren, sind es bei den Frauen am häufigsten anzügliche Bemerkungen, denen sie im Arbeitsalltag ausgesetzt sind. 27 der befragten Frauen gaben an, auch schon physische sexuelle Übergriffe erlebt zu haben, und dies meist wiederkehrend. Zu den sexuellen Belästigungen werde ich mich weiter unten noch detaillierter äußern.

Wie kann sich die Situation für Ärztinnen in Spitälern verbessern? Hier bräuchte es vor allem eine konsequente und an modernen Unternehmenswerten orientierte oberste Führung, die ihre postulierten Werte auch konsequent lebt und entsprechendes Verhalten einfordert. Und seitens der Frauen geht es nun einmal nicht ohne genügend Biss, Hartnäckigkeit und einer dicken Haut auf dem Weg nach oben. Wie hat das kürzlich eine Klinikdirektorin so schön formuliert: »Wenn die Frauen bloß wüssten, wie toll es ist, oben angelangt zu sein und Macht zu haben! Erst die Chefarztposition ermöglicht es uns wirklich, einen eigenen Bereich zu gestalten, die

Teamkultur zu definieren und Frauen gezielt zu fördern. Es lohnt sich, diesen Weg zu gehen!«

## Arbeitszeiten, Beschäftigungsgrade und Partnerschaft

2017 lag das durchschnittliche Arbeitspensum bei den Ärztinnen im stationären Sektor bei 8.8 und bei den Ärzten bei 10.1 Halbtagen pro Woche (FMH-Statistik 2017). Obwohl sich auch bei jüngeren Ärzten eine Tendenz feststellen lässt, nicht mehr gleich viele Stunden wie ihre Vorgängergeneration arbeiten zu wollen und auch noch so etwas wie eine einigermaßen akzeptable Work-Life-Balance zu haben, sind es dennoch mehr Frauen als Männer, die Teilzeit arbeiten möchten und müssen. Nicht nur bei den Ärztinnen, sondern auch bei den Pflegefachkräften ist der Anteil Teilzeitbeschäftigter in den letzten Jahren stark gestiegen. So begrüßenswert und notwendig diese Entwicklung ist, darf auch nicht verschwiegen werden, dass die Dienstplanung eines 24-Stundenbetriebs nun einmal nicht einfacher wird, wenn die Anstellungsverhältnisse niederprozentiger werden. Als Führungsperson führt man ja bekanntlich nicht Stellen, sondern »Köpfe«. Auch aufgrund dieser Komplexität gibt es bei vielen Führungskräften in Pflege und Ärzteschaft nicht nur Begeisterung für diesen Trend. Da dieser aber unumkehrbar ist, führt kein Weg daran vorbei, die Einstellung gegenüber der Teilzeitarbeit zu überdenken und die dazu notwendigen Strukturen zu schaffen. Und es ist auch notwendig, die Vorteile von mehr Mitarbeitenden auf den vorhandenen Stellen zu erkennen und zu benennen. Mehr und vielfältigere Kompetenzen, weniger Ermüdungserscheinungen und arbeitsbedingte Erkrankungen, sowie erhöhte Flexibilität, wenn es um den Ersatz ausgefallener Mitarbeitender geht, sind durchaus etwas wert und dürften den organisatorischen Mehraufwand mehr als ausgleichen. Und es bleibt zu akzeptieren, dass kaum jemand mehr zur 70- oder 80-Stundenwoche zurückkehren möchte, auch viele Männer nicht.

Weil man in den Spitälern aber offenbar noch nicht so weit ist, Teilzeitarbeit entsprechend wertzuschätzen, erfahren Ärztinnen deswegen mehrfache Benachteiligung. Sie erhalten Stellen nicht, weil sie Teilzeit arbeiten möchten oder schwanger werden könnten, und sie sind diejenigen in partnerschaftlichen Doppelkarrieren, die während der Kleinkinderphase zurückstecken. Sie werden immer wieder danach gefragt, wie sie denn Arbeit und Familie vereinbaren würden, während ihren männlichen Kollegen solche Fragen kaum gestellt werden. Es kommt auch nicht selten vor, dass befristete Arbeitsverträge im Fall einer Schwangerschaft nicht verlängert werden. Ärzte hingegen haben auch viel häufiger eine Partnerin, die Teilzeit oder gar nicht arbeitet und ihnen »den Rücken freihält«. Vor nicht langer Zeit äußerte sich Mazda Farshad, ärztlicher Direktor der Uniklinik Balgrist, in einem Interview des Tagesanzeigers zu seinem Arbeitsvolumen und Familienmodell. Er arbeitet 80 Arbeitsstunden pro Woche, wobei die Arbeit zu Hause (Publikationen schreiben, Vorträge vorbereiten usw.) nicht eingerechnet ist: »Ich habe die liebste Frau der Welt. Sie ist ebenfalls habilitierte Ärztin und arbeitet als Radiologin am Unispital. Als wir unsere Tochter bekamen, hat sie ihr Pensum reduziert. Wir funktionieren gut zusammen. Die Kinderbetreuung regeln wir familienintern. Ich habe nicht vor, bei der Arbeit kürzer zu treten.« Diese Aussage löste in der Öffentlichkeit Diskussionen aus. Prof. Farshad aber ist mit seiner Ansicht zur Vereinbarkeit von Beruf und Familie bei weitem nicht allein. Das Phänomen der »Ärztinnengattin« ist mir nämlich auch schon an anderer Stelle begegnet. Nicht wenige Ärzte finden es praktisch, dass ihre Gattin auch einmal Medizin studiert hat, weil sie dadurch Verständnis für das Arbeitsvolumen ihres Mannes aufbringen kann. Sie selbst arbeitet dabei Teilzeit oder hat ihren Arztberuf ganz aufgegeben und kümmert sich um Kinder und Haushalt.

Was läuft hier falsch? Die Erhebung des Bundesamts für Statistik 2017 zu Teilzeitbeschäftigung zeigt, dass 82 % der Mütter mit kleinen Kindern Teilzeit arbeiten, während es bei den Vätern nur 13 % sind. Der häufigste Grund für Frauen überhaupt Teilzeit zu arbeiten, sind alle Formen von familiären Verpflichtungen, während bei Männern Aus- und Weiterbildung an erster Stelle stehen. Das, wenn man so sagen kann, moderne traditionelle Familienmodell sieht vor, dass Väter Vollzeit oder sehr hochprozentig arbeiten, während Frauen ihren Beschäftigungsgrad zumindest während der Familienzeit stark senken. Gemäß Gedrose strebte 2009 zwar nur die Hälfte der Befragten eine Vollzeitbeschäftigung an, es waren dies aber doppelt so viele Männer wie Frauen. Weshalb trifft man das traditionelle Familienmodell auch bei Ärztinnen und Ärzten heute noch so häufig an? Gehen Medizinstudenten und -studentinnen immer noch davon aus, dass sie später trotz langen Studiums und Assistenzzeit beider ein traditionelles Rollenmodell leben werden? Oder ergibt sich das schleichend in Zusammenhang mit der Familienplanung? In einigen Fällen ist das sicher so, mir sind aber auch Beispiele bekannt, in denen der »Arztehemann« es in aller Deutlichkeit zur Beziehungsbedingung machte, dass die »Ärztinehefrau« beruflich zurücksteckt. Falls nicht, komme es zur Trennung. Und hier scheinen Frauen auch heute noch emotional erpressbarer zu sein als ihre Männer. Verstärkt wird dies zudem im Fall eines Kinderwunsches durch die sogenannt »tickende Uhr«. Es braucht von den Frauen bei Verhandlungen innerhalb der Partnerschaft mehr Hartnäckigkeit und weniger Verlustängste, damit neue Familienmodelle entstehen können. Denn nur wer nein sagen kann, kann auch verhandeln. Und vielleicht braucht es auch – wie dies einige meiner Coachingkundinnen gesagt haben – ein verändertes »Beuteschema« seitens der Frauen. Wenn ihnen, wie sie selbst einräumen, nur »Alphatiere« aus dem eigenen Berufsumfeld attraktiv erscheinen, kann es ganz schön schwierig werden, einen Partner zu finden, der echte Gleichberechtigung leben möchte.

Gelegentlich haben Frauen auch etwas naive Vorstellungen von Karriere und Teilzeit. Die Möglichkeit einer Führungskarriere bei einer 80 %-Anstellung sollte heute eine Selbstverständlichkeit sein. Die oft von Frauen angestrebten 60 % hingegen sind illusorisch, es sei denn im Rahmen eines Jobsharings.

Ein letzter, immer wieder diskutierter und mehrheitlich wichtiger Grund für die Benachteiligung von Ärztinnen sind die strukturellen Arbeitsbedingungen. Solange Dienste, Sitzungszeiten und Öffnungszeiten von Kinderbetreuungsstätten nicht familien- und ärztinnenfreundlicher gestaltet werden können, gibt es mehr Hürden auf dem Weg zu neuen Familienmodellen, als effektiv nötig wären. Wie der sogenannte »Fall Urwyler« am Inselspital in Bern gezeigt hat, sind Vorgesetzte manchmal nicht bereit, schwangeren oder stillenden Frauen, die durch das Arbeitsgesetz vorgeschriebenen Arbeitszeitreduktionen und Pausen zu gewähren. Dieser Fall hat zu großen Diskussionen in der Öffentlichkeit geführt und Frau Dr. Urwyler erhielt vor Gericht Recht und 2018 sogar den in der Schweiz bekannten »Prix Courage«, der jährlich einer besonders mutigen Person verliehen wird. Frau Dr. Urwyler hat übrigens als Ärztin eine Aufmerksamkeit erlangen können, die anderen Frauen, die in Spitälern arbeiten, nicht so einfach zu Teil werden kann. Reinigungskräfte, Mitarbeiterinnen in der Sterilisation oder im Labor sind oft genauso von Missachtung der Schutzmaßnahmen während Schwangerschaft und Stillzeit betroffen und es ist zu hoffen, dass die öffentliche Diskussion im »Fall Urwyler« auch ihnen zu einem besseren Schutz verhelfen wird.

### Gleichzeitigkeit von Klinik, Forschung und Familie

Die Habilitation ist in der Schweiz in der Medizin meist noch Voraussetzung für eine Berufung oder für eine Chefarztposition an einem Spital. Selbst für eine leitende Arztstelle wird sie oft noch vorausgesetzt. Im Gegensatz zu anderen Studienrichtungen dauert das Erreichen einer Habilitation in der Medizin in der Regel wesentlich länger, da die klinische Tätigkeit mit entsprechend hohen Arbeitspensen und dem Erlangen von Facharzttiteln und Fähigkeitsausweisen oft parallel zur Habilitierung erfolgen. Zudem kollidieren nicht selten Kinderphase und wissenschaftliche Weiterqualifizierung. Ein wesentlicher Teil der zu verhandelnden Arbeitsbedingungen bei einer Oberarztstelle im Spital sollte der geschützte Anteil an Forschungszeit sein, den man neben der Klinik zugesprochen erhält. Hier tappen manche Ärztinnen in eine Falle. Nicht selten durch zusätzliche Familienarbeit und Kinderbetreuung belastet, setzen sie Forschung an die letzte Stelle und wehren sich entweder nicht genügend für ihre Forschungszeit oder sie wird ihnen auch seltener aktiv angeboten oder gestattet als ihren männlichen Kollegen. Dies führt dazu, dass sie nicht rechtzeitig mit ihrer Habilitation bereitstehen, wenn sich die Möglichkeit einer Beförderung bietet. Zudem investieren viele Ärztinnen mehr Zeit als ihre Kollegen in klinische Tätigkeit, was ihnen zu Recht den Ruf einer »exzellenten Klinikerin« einbringt. Dies ist zwar schön, führt aber wiederum dazu, dass diese Frauen seltener befördert werden, weil man die Klinikerin da behalten möchte, wo sie wertvoll ist, nämlich im Tagesgeschäft in der Patientenversorgung. Die männlichen Kollegen auf gleicher oder sogar tieferer hierarchischer Stufe profitieren von dieser Entlastung und investieren ihrerseits mehr Zeit in Forschung, Networking und Selbstmarketing. Und damit steigt deren Chance, neben der nicht selten erfahreneren Kollegin vorbei befördert zu werden.

Will man also effektiv Ärztinnen in Spital und Universität vermehrt in höhere Positionen befördern, muss man ihre Forschungszeit schützen und sie, weil ihnen oft die nötigen Seilschaften fehlen, durch einen Mentor oder eine Mentorin durch die Habilitierungsphase begleiten. Und für die betroffenen Ärztinnen selbst heißt es, so anstrengend es ist: Energie und Fokus auf Forschung und Publikationen legen, bevor es im entscheidenden Moment zu spät ist. Solange Klinik und Lehre einen vergleichsweise niedrigen Status haben, führt daran zumindest im heutigen System kein Weg vorbei.

Was den klinischen Teil betrifft, so genügt es auch hier nicht mehr, sich lediglich fachlich zu qualifizieren. Da zu hoffen ist, dass auch in Spitälern in der Ärzteschaft der Anteil qualifizierter Führungskräfte steigt – erste Tendenzen sind sichtbar –, müssen sich Ärztinnen und Ärzte auch in Leadership und Management ausbilden. Die Pflege ist hier übrigens schon längst viel weiter.

Um all dies bewerkstelligen zu können, braucht es eine gezielte Karriereplanung. Auch hier erlebe ich sowohl in meinen Workshops als auch in Mentoringprogrammen an Universitäten eine oft erstaunliche Nachlässigkeit, wenn nicht gar Naivität seitens der Frauen. Karriere passiert einem nicht einfach so, sie muss gezielt geplant und konsequent umgesetzt werden. Und wenn einem plötzlich Chancen geboten werden, gilt es, sie umgehend zu ergreifen und nicht lange zu überlegen, ob man der Herausforderung gewachsen ist.

## Sexuelle Belästigung

Damit eine Organisation besonders anfällig für sexuelle Belästigung ist, braucht es drei Elemente: eine hierarchische Struktur, eine männlich dominierte Umgebung und ein Klima, in dem Übergriffe durch mächtige Spieler der Organisation toleriert werden. Spitäler weisen in der Regel alle drei Elemente auf, und man muss sich nicht lange mit Frauen unterhalten, die in Spitälern arbeiten, um unzählige Geschichten über Anzüglichkeiten, geschlechtsbedingte Herabstufungen oder handfeste Übergriffe zu hören. Schon lange vor #MeToo waren meine Workshops und Coachings voll von Schilderungen solcher Erlebnisse. Hier ein paar Musterbeispiele: Da ist der Chefarzt, der seine weiblichen Mitarbeiterinnen auffordert, mit ihm in die Sauna zu kommen. Da sind Assistenzärztinnen, die während einer laufenden Operation in einem Moment begrapscht werden, in dem sie sich nicht wehren können. Da ist die junge Ärztin, der der Chef sagt, Menschen mit einer Körpergröße unter 1.60 sollten gar nicht ausgebildet werden. Da ist der leitende Arzt, der schon mehrere Oberärztinnen belästigt und angefasst und dafür nicht mehr als eine Verwarnung kassiert hat. In letzterem Fall sind es die betroffenen Oberärztinnen, die heute nicht mehr in der Klinik tätig sind, da sie quasi freiwillig das Feld geräumt haben, während der Täter immer noch da ist. Da ist der Vorgesetzte, der auf eine fachliche Frage hin abends meint, nach 18 Uhr würde er sich nur noch für gespreizte Beine interessieren …

Angesichts der Vielzahl der Geschichten ist es unmöglich, sie als Einzelfälle abzutun. Gemäß eines Artikels in der Harvard Business Review, »Sexual Harassment Is Rampant in Health Care. Here's How to Stop It« (van Dis 2018), ist der Anteil sexueller Belästigung in der Medizin verglichen mit anderen Wissenschaftsgebieten mit Abstand am größten.

Was können medizinische Institutionen tun, um dem entgegenzutreten? Zum einen müssen sie wiederholt und mit größtem Nachdruck kommunizieren, dass gegenüber geschlechtsbedingter Benachteiligung und sexueller Belästigung Nulltoleranz herrscht. Dies nützt aber gar nichts, wenn diesem Bekenntnis im Fall von Überschreitungen keine Taten folgen. Frauen getrauen sich nur dann, Übergriffe zu melden, wenn sie sicher sein können, ernst genommen zu werden, und der mutmaßliche Täter entsprechend angegangen wird. Es braucht standardisierte Datenerhebungen und Reports, in denen Belästigungen jährlich erhoben werden. Diese Daten müssen in der Organisation öffentlich gemacht werden. Opfer von Belästigung müssen Zugang zu Beratung und Unterstützung haben. Die Human Resources haben sowohl in der Beratung von Opfern wie auch in der Verfolgung von Täterschaften zwar eine wichtige Rolle inne, leider bleibt das Angehen konkreter Schritte meist bei den Personalverantwortlichen hängen, die gegenüber den ranghöchsten Playern ihrer Organisation machtlos sind. Übergriffige Menschen zu konfrontieren und zu stoppen kann nicht funktionieren, wenn sich die oberste Führung nicht aktiv und konsequent beteiligt. Täter dürfen nicht in aller Stille in Sabbaticals, Forschungsaufenthalte im Ausland oder in die frühzeitige Pensionierung verabschiedet werden, sondern der Arbeitgeber muss offen Stellung nehmen und die Handlungen verurteilen. *Cover-the-ass*-Praktiken tragen dazu bei, dass sich nichts ändert, und traumatisieren die Opfer zusätzlich.

Was können Frauen tun? Frauen können sich gegenseitig unterstützen, ermutigen oder sich in Gruppen gegen einen Täter auflehnen. Meist wissen mehrere Frauen von diesen Belästigungen, oder es sind auch gleich mehrere betroffen. Wenn sich eine ganze Gruppe von Frauen wehrt, ist es viel schwieriger, die Angelegenheit unter den Teppich zu kehren oder die Betroffenen als Lügnerinnen oder als überempfindlich abzustempeln. Besonders wichtig ist auch, dass Frauen Betroffene nicht ausgrenzen oder ihnen sogar die Schuld am Übergriff zuschieben. Auch dazu könnte ich leider so manche Geschichte erzählen.

In Spitälern ist also durchaus noch Luft nach oben, wenn es um ernst gemeinte Frauenförderung in der Ärzteschaft geht. Allein durch die Überzahl an Frauen in den unteren Rängen ändert sich nicht viel. »Feminisierung« bleibt ein Modewort.

# In der Verwaltung – Frauenkarrieren beim Bund

*Von Elefantenfriedhöfen und Flaschendepots*

INSIDERSPRUCH

Als ich 1998 nach meinem Ethnologiestudium meine erste Vollzeitstelle als wissenschaftliche Mitarbeiterin im Bundesamt für Statistik antrat, fand ich eine mir fast gänzlich unbekannte Welt vor: die Verwaltung. Was es da nicht alles zu entdecken und zu meistern galt: Die Stempelkarte aus Karton, die Block- und Gleitzeiten, die Lohnklassen, die Chefsekretärin, den kleinen Dienstweg und dann natürlich den Dienstchef, den Sektionschef, den stellvertretenden Sektionschef, den Bereichsleiter, den Adjunkten und, gelegentlich von weitem, sogar den Direktor. Dass der Missbrauch der Stempelkarte zu den schlimmstmöglichen Vergehen gehört, wurde mir klar, als ich die Karte in meiner zweiten Arbeitswoche versehentlich in der Hand aus dem Amt trug, statt sie in das dafür vorgesehene Metallgestell neben der Eingangstür zu stecken. Sie fiel mir zu Boden und zwei wohlmeinende Kollegen rieten mir, sie umgehend und unbemerkt zurückzustecken, bevor jemand entdeckte, dass ich sie zu entwenden versucht hatte.

Nachdem ich mit direkter Kommunikation zu Kollegen und Kolleginnen einer anderen Sektion offenbar, für mich aber unverständlich, irritiert hatte, erklärte man mir die Einhaltung des Dienstwegs, was bedeutete, dass ich also bitte immer schön dem Organigramm nach zu kommunizieren hätte. Auch in den Kaffeepausen saß man nach Sektionen getrennt zusammen, wahrscheinlich, um ebensolche Fehler zu vermeiden. Die Blockzeiten galt es einzuhalten, während die Gleitzeiten theoretisch frei nutzbar gewesen wären. Da es mir aber schon schwerfiel, überhaupt täglich 8 Stunden und 24 Minuten am Arbeitsplatz zu sein, gelang es mir nicht, einen positiven Stundensaldo anzuhäufen, den ich zum Gleiten hätte nutzen können.

Die Bedeutung der Chefsekretärin wurde mir bewusst, nachdem ich mich mit derjenigen des übernächsten Vorgesetzten, also des Abteilungschefs, angefreundet hatte, was mir eine ungeahnte Bedeutung verlieh. Aber auch dies war wiederum ein freches Überspringen von Kaderstufen, hätte ich doch gemäß Dienstweg zuerst mit der Sekretärin meines direkten Chefs in die Kaffeepause gehen sollen. Außer einer einzigen weiblichen Kollegin mit Status »wissenschaftliche Mitarbeiterin«, die gerade im Mutterschaftsurlaub weilte, gab es außer den Sekretärinnen keine andere Frau in meiner Sektion. In den meisten Sitzungen war ich also die einzige Frau und der Chef und der Chefchef leiteten die Sitzungen neu mit »Madame, Messieurs …«, bzw. »Meine Dame, meine Herren …« ein.

Was die Lohnklassen betraf, so war ich schnell ernüchtert, als ich während eines Pausengesprächs mit meinen wissenschaftlichen Kollegen feststellte, dass ich um deren ganze vier tiefer eingestuft war als sie!

Auch an Beamtenklischees mangelte es trotz bereits abgeschafftem Status nicht: Frei nach dem Motto »Absitzen ist alles« waren am Schreibtisch schlafende Kollegen, halbstündige Rauchpausen oder häufige Solitärrunden am PC (damals ein revolutionäres Spiel) keine Seltenheit. Einmal ertappte ich einen älteren Herrn aus einer anderen Sektion (weshalb ich ihn nicht kannte) beim heimlichen Verstauen von Datenerfassungsbögen in einem Schrank. Auf meine Frage hin, was er denn hier tue, meinte er, er lege Arbeit beiseite, auf dass sie ihm nicht so schnell ausgehen möge. Dies bedeutete in der Folge natürlich, dass er nur noch halb so schnell arbeiten konnte, um nicht aufzufallen. Die Angst dieses Herrn vor Arbeitsmangel war womöglich nicht ganz unbegründet, waren doch gerade die ersten PCs in den Büros aufgetaucht und die Automatisierung der statistischen Erhebungen im Anlaufen begriffen. Ich schrieb und verschickte die erste E-Mail meines Lebens in meiner ersten Arbeitswoche und arbeitete mit meinem Chef heimlich hinter einem Schrank an einem versteckten PC und mit privatem Modem an einem Ur-Prototyp für eine Website. Das Knowhow dazu stammte von seinem zwölfjährigen Sohn. Und diejenigen Mitarbeitenden, die nicht mehr mithalten konnten oder wollten, wurden, so nannte man das heimlich und bösartig im Amt, in den höheren Lohnklassen in unnützen Stabstellen auf dem »Elefantenfriedhof« versorgt und in den unteren Lohnklassen, beispielsweise in die Spedition, ins »Flaschendepot«, versetzt.

Von Frauenförderung oder zumindest einem ungefähren Bewusstsein darüber war in der zweiten Hälfte der Neunzigerjahre in meinem Berufsumfeld kaum etwas zu spüren. Mein Chef war eine löbliche Ausnahme und setzte sich für meine Karriere ein. Es gab zwar eine Gleichstellungsverantwortliche und -gruppe im Amt, die ich aber erst entdeckte, als ich selbst stellvertretende Personalchefin war. Als ich der Gruppe beitrat, war das wichtigste Dossier die Förderung der Teilzeitarbeit und ein scheues Andiskutieren einer amtseigenen Kinderkrippe. Der Versuch, eine zur internen Schulung eingesetzte Software zu kritisieren, scheiterte. Die Software sollte betriebswirtschaftliches Grundwissen vermitteln und zeigte in comicartigen Bildern smarte junge Männer, die Geschäfte machten und Frauen in Hotpants, die die Produkte, Eiscreme, kauften. Als hysterische Feministinnen durchaus auch in den eigenen Reihen abgestempelt, zogen wir Kritikerinnen uns schleunigst wieder zurück.

Ein kurzer Blick auf das Organigramm des Amts im Jahr 2018, rund zwanzig Jahre später, zeigt immerhin einen Viertel Frauen auf Kaderpositionen und sogar eine stellvertretende Direktorin. Sämtliche Abteilungsleitungen, das heißt die Funktionen direkt unter dem Direktor, sind allerdings nach wie vor in männlicher Hand. Überhaupt finden Veränderungen im Kader des größten Teils der Bundesverwaltung offenbar nur sehr langsam statt. 2017 betrug die Nettofluktuation in der Bundesverwaltung 3.2 %. Die Attraktivität der Stellen wegen der verhältnismäßig hohen Löhne bei gleichzeitig hoher Sicherheit (Kündigungsschutz, Pensionskasse, etc.) lassen anscheinend nur wenigen Stelleninhabern und Stelleninhaberinnen einen beruflichen Wechsel als echte Option erscheinen. Auffällig viele Sektionschefs im heutigen Bundesamt für Statistik sind entweder noch dieselben wie zu meiner Zeit oder aus der zweiten Reihe nachgerückt. Trotz abgeschafftem Beamtenstatus gibt es also offenbar immer noch so etwas wie eine Kaderstelle auf Lebenszeit. Abgeleitet von meinen eigenen »ethnologischen Erfahrungen« in der Bundesverwaltung sehe ich frauenkarrierenbehindernde Auffälligkeiten in einer Verwaltung beim Phänomen der Sesselkleber, die Aufstiegschancen »verstopfen«, bei traditionell nur scheinbar mächtigen Frauenrollen wie jener der Chefsekretärin (analog zur Chefarztsekretärin im Spital), beim sehr hohen Kündigungsschutz, der wiederum Fluktuation und Entwicklung verhindert, und in einem Lohnsystem, das auf Funktionszuweisungen und Anciennität baut und damit die spezifischen Fähigkeiten und das Engagement der Mitarbeitenden erst sekundär berücksichtigt. Letzterer Punkt ist für Frauen deshalb problematisch, weil sie in Sachen Engagement und hoher Fachkompetenz nämlich oft einfacher punkten könnten, als beim »Hochsitzen« auf der Karriereleiter, da sie familienbedingt mehr Unterbrüche in ihrer Karriere haben und mehr Teilzeit arbeiten.

Der Anteil an Teilzeitstellen in der Bundesverwaltung liegt verglichen mit der gesamten Erwerbsbevölkerung unter dem Durchschnitt, und die Teilzeitstellen werden immer noch zu einem überwiegenden Teil (in einem Verhältnis von rund 55 % zu 12 %) von Frauen besetzt. Was sich seit meiner Verwaltungszeit hingegen verbessert hat, ist die Flexibilität der Arbeitszeiten und -formen, wurde das Angebot doch um die Modelle Mobile Office und Homeoffice erweitert. Wo die Bundesverwaltung geradezu Vorzeigecharakter hat, ist in der Förderung von Diversität auch auf Kaderebene (*Reporting Personalmanagement 2018*).

Feine Wahrnehmung und Achtung von Diversität bezüglich der Landessprachen und der kulturellen Vielfalt hat hier Tradition. Das Recht der Mitarbeitenden, in ihrer Landessprache kommunizieren zu dürfen, und die Pflicht, die anderen zumindest verstehen zu können, ist einzigartig. Diese Rechte und Pflichten gelten allerdings in der Realität nur für die deutsche und französische Sprache, bereits beim Italienischen hapert es stark bei der Umsetzung und beim Rätoromanischen bleibt es Theorie. Dennoch ist es für mich auch heute noch überaus erfrischend, an Veranstaltungen und Sitzungen in der Bundesverwaltung teilnehmen zu dürfen und zu erleben, wie Französisch und Deutsch selbstverständlich durcheinander gesprochen werden. Es wäre nun sehr schön, wenn sich dieser Anspruch auf Diversität auch auf die Gleichstellung der Geschlechter übertragen ließe. Und auch da sind in der Tat sehr erfolgsversprechende Entwicklungen sichtbar.

Die Bundesverwaltung hat nämlich Sollvorgaben für die Geschlechterverteilung insgesamt wie auch für die Kaderfunktionen eingeführt, womit sie durchaus eine Vorbildfunktion und damit eine wichtige Rolle in der Förderung von Frauen in der Führung einnimmt. Im mittleren Kader sollten nach diesen Vorgaben rund 33-40 % Frauen und im oberen Kader 20-25 % Frauen vertreten sein. 2017 lag der Frauenanteil im mittleren Kader nur um 0.3 % unter dem Soll und im oberen Kader war er bereits knapp erfüllt. Im oberen Kader ist der Sollwert somit vergleichbar mit dem Anteil Professorinnen in Universitäten und leitenden Ärztinnen in Spitälern, die keine Sollvorgaben kennen. Also doch kein nennenswertes Resultat? Es stellt sich umgehend die Frage, wie denn der Sollwert überhaupt zustande gekommen ist, und weshalb in aller Welt ein Anteil von einem Fünftel bis zu einem Viertel Frauen im oberen Kader genügen sollte. Bösartigerweise könnte man hier unterstellen, dass man sich einfach den Ist-Wert anderer Organisationen, die nicht einmal durch besondere Frauenförderung hervorstechen, zum Ziel genommen und dadurch wenigstens einigermaßen aufgeholt hat. Die Bundesverwaltung ist, zumindest offiziell, nicht so vorgegangen, sondern orientiert sich an den Geschlechteranteilen der schweizerischen Erwerbsbevölkerung. Meines Erachtens ein Unding, wenn man bedenkt, wie viele Jahre die Anzahl der Frauen bei den universitären Hochschulabschlüssen bereits auf Gleichstand mit den Männern oder darüber liegt und deshalb hochqualifizierte Frauen mit unterschiedlichster Ausbildung auf den Arbeitsmarkt strömen. Gerade die Bundesverwaltung, die sich durch eine recht hohe Vereinbarkeit von Beruf und Familie auszeichnet, müsste doch ein besonders attraktiver Arbeitsort für Frauen sein. Sollvorgaben für das Anheben des Frauenanteils sind meines Erachtens ein wichtiger erster Ansatz, auf diesem bescheidenen Niveau aber nicht genügend oder sogar gefährlich, weil man sich verfrüht auf die frauenfreundliche Schulter klopfen kann.

Wie unterscheiden sich denn die einzelnen Departemente in der

Bundesverwaltung bezüglich Frauenanteil? Führen tun klar das Innendepartement (EDI), die Bundeskanzlei und das Außendepartement (EDA), sie übertreffen beim mittleren Kader das offizielle Frauensoll um Längen. Bei den Zahlen für die Gesamtverwaltung sind die Armee und das Grenzwachtkorps bereits herausgerechnet, doch auch im Departement für Verteidigung, Bevölkerungsschutz und Sport (VBS) soll der Frauenanteil gesteigert werden. Und da dem Departement seit 2018 zum ersten Mal eine Frau vorsteht, bestehen vermutlich echte Chancen dazu. Das Schlusslicht bildet das Finanzdepartement. Der aktuelle und der vorletzte Vorsteher dieses Departements zeichnen sich bestimmt nicht durch besonders frauenförderndes Verhalten aus. Als ich vor einigen Jahren versucht habe, meine »Power-Trainings für Frauen« im Weiterbildungsprogramm des eidgenössischen Personalamts (EPA, Teil des Finanzdepartements) anzubieten, erklärte man mir, dass Kurse, die sich speziell an Frauen richten, nicht mehr ins Programm aufgenommen würden. Jegliche Genderthemen fehlen zumindest bei den Einzelkursen auch heute noch im Bildungsangebot des EPA.

Um aufzuzeigen, dass die Welt der Bundesverwaltung auch vielfältig, spannend und von großer Flexibilität geprägt sein kann, möchte ich im Folgenden einen Einblick in den für mich spannendsten und lehrreichsten Teil geben, ins Außendepartement.

### Das Departement für auswärtige Angelegenheiten, eine eigene spannende Welt mit starken Frauen

*»Man sieht sich immer dreimal.«*

Während die Sesselkleber im größten Teil der Verwaltung Dynamik in den Führungsetagen verhindern, bläst im EDA ein ganz anderer Wind. Alle vier Jahre müssen sich sämtliche Führungskräfte und Mitarbeitende, die dem Versetzungsprinzip unterworfen sind, erneut bewerben. Damit sind natürlich Chancen zum Aufstieg innerhalb der Kaderstufen, von weniger wichtigen zu wichtigeren Botschaften oder im Rahmen der neu gelebten Durchlässigkeit beispielsweise von der Direktion für Entwicklung und Zusammenarbeit (DEZA) ins diplomatische Corps oder umgekehrt möglich. Umgekehrt können auch Abstiege oder die Versetzung in ein nicht präferiertes Land die Folge sein. Dieses System ist beispiellos in seiner Flexibilität und ein interessanter Studienfall für eine agile Personalplanung bei gleichzeitig hoch hierarchisierter Organisationsstruktur. Chefs von heute können Mitarbeitende der Chefinnen von morgen werden und umgekehrt, der Kollege, mit dem man vor acht Jahren zusammengearbeitet hat, wird plötzlich erneut zum Arbeitskollegen, die unliebsame Mitarbeiterin, die man schon losgeworden zu sein glaubte, steht erneut vor der Tür … Dieses System fördert im positiven Sinne Flexibilität und Wachsamkeit, aber umgekehrt auch eine gewisse Konfliktscheu, möchte man es sich doch nicht mit jemandem verscherzen, der oder die plötzlich zum oder zur Vorgesetzten werden könnte. Zur EDA-internen Versetzung kommt noch die Departementsrochade dazu, von der die gesamte Bundesverwaltung betroffen ist. Entscheidet der neue Departementsvorsteher oder die Vorsteherin, die oberste Führungsebene auszuwechseln und eigene Leute einzusetzen, ist das selbstverständlich möglich und führt dazu, dass die Kader der zweitobersten Stufe wiederum neue Vorgesetzte erhalten. Mit dieser Situation ist in Folge eines Rücktritts im Bundesrat jederzeit zu rechnen.

Ab 2019 kommt eine zusätzliche »Störung« ins System, der Funktionslohn. Wurde bisher der Lohn durch Anciennität definiert und durch einen hierarchischen Abstieg oder die Versetzung in ein weniger attraktives Einsatzgebiet nicht tangiert, so werden nun auch die Löhne dem Versetzungskarussell unterworfen sein. Mit Einsprachen ist zu rechnen. Diese noch weiter erhöhte Flexibilität könnte für Frauenkarrieren einen Vorteil darstellen, da sich Frauen oft durch besondere Einsatzbereitschaft auszeichnen und nun hoffentlich häufiger erleben werden, dass ein paar »faule Kollegen« bei einer funktionalen Herabstufung auch lohnmäßig betroffen sind und sich engagierter Einsatz, Sozial- und Fachkompetenz von Frauen und Männern im diplomatischen Dienst auszahlen werden. Für Frauen ist das Versetzungsprinzip aber nicht immer von Vorteil. Im Einsatz im Ausland sind Frauen mit Familie durch die gute Infrastruktur mit entsprechenden Betreuungsmöglichkeiten eher entlastet und arbeiten hochprozentig wie ihre männlichen Kollegen. In einer Arbeitsphase in der Schweiz reduzieren sie jedoch nicht selten ihr Pensum, weil sie nun wie die meisten Schweizerinnen vermehrt mit Kinderbetreuungsaufgaben beschäftigt sind und den Spagat zwischen Familie und Beruf meistern müssen. Dies reduziert ihre Sichtbarkeit und ihr Networking in der Bundeshauptstadt, wo eine gute Vernetzung unabdingbar ist im Konkurrenzkampf um eine gute Position nach Ablauf weiterer vier Jahre. Das Versetzungsprinzip mit Auslandaufenthalten ist mit schulpflichtigen Kindern auch nicht leicht durchzuhalten, und nicht alle Partner und Partnerinnen sind bereit, ihren Lebensmittelpunkt so häufig zu wechseln. Zudem ist es trotz Unterstützung durch das EDA bei der Stellensuche sehr schwierig, parallel zum Karriereweg der Partnerin oder des Partners eine eigene berufliche Laufbahn zu verfolgen. Während früher Botschaftergattinnen mehr oder weniger selbstverständlich mitreisten, sind Botschafter heute häufiger davon betroffen, dass ihre Partnerinnen sich nur widerstrebend oder gar nicht mit einem erneuten Umzug einverstanden erklären.

Zu meiner Ethnologinnenzeit galt übrigens noch die unausgesprochene Regel: Männer gehen mit ihren Partnerinnen in den Forschungsaufenthalt oder allein – und finden dann schnell eine einheimische Begleitung –, während Frauen alleine forschen gehen. Ähnliche Konstellationen zogen sich dann in den mir bekannten Fällen auch in die häufig weiterführende Anstellung bei der DEZA weiter.

All den durch die Versetzung bedingten Herausforderungen zum Trotz bin ich der festen Überzeugung, dass ein flexibles und durchlässiges System für Frauenkarrieren von Vorteil ist, tun sich doch immer wieder Chancen und Türchen für einen nächsten Karriereschritt auf.

*Ein möglichst faires Personalauswahl- und Assessmentverfahren*

Eine Diplomatenkarriere beginnt mit dem Bestehen des sogenannten »diplomatischen Concours«. Zwischen 200 und 400 Bewerberinnen und Bewerber treten jährlich an, um die Chance eines Einstiegs in diese Laufbahn zu erhalten. Sie sind alle bestausgebildet, weisen einen entsprechenden Hochschulabschluss auf und verständigen sich mündlich und schriftlich mühelos in mindestens drei Sprachen. Nach einer Auswertung ihrer Dossiers nach klaren Kriterien in der Phase der Vorselektion schreiben die zur ersten Prüfungsrunde eingeladenen Personen eine politische Analyse, absolvieren einen kognitiven Leistungstest und führen ein Auswertungsgespräch in Bezug auf eine Selbsteinschätzung, die sie mit Hilfe eines Fragebogens abgegeben haben. Es folgt der Entscheid über die Einladung zur zweiten Prüfungsrunde, in welcher die verbleibenden Kandidatinnen und Kandidaten schriftliche und mündliche Sprachprüfungen sowie mündliche Fachprüfungen in Geschichte und Kultur, Staats- und Völkerrecht sowie Politik und Wirtschaft ablegen. Es folgt ein Interview vor einer paritätisch zusammengesetzten Kommission, der nicht nur Vertreterinnen und Vertreter der EDA-Direktionen und anderer Verwaltungseinheiten angehören, sondern auch externe Kommissionsmitglieder aus dem akademischen Umfeld sowie aus den Bereichen Politik, Wirtschaft und Kultur. Es entsteht ein Ranking aller noch verbliebenen Bewerbenden und daraus wird zum Schluss, in Abhängigkeit des Personalbedarfs des Departements, eine Gruppe von Personen ausgewählt, die dann eine zweijährige Ausbildungszeit im In- und Ausland absolviert. Im Anschluss daran findet eine Schlussprüfung statt, es geht noch einmal vor die Kommission, und wer hier besteht, darf in ein unbefristetes Arbeitsverhältnis im diplomatischen Dienst der Schweiz eintreten.

Was macht dieses Bewerbungsverfahren so besonders und welche Bedeutung hat das für Frauenkarrieren in der Diplomatie? Zum einen ist mir kein anderer so klar strukturierter und damit auch transparenter Bewerbungsablauf bekannt wie dieser. Meiner Erfahrung nach werden in vielen Organisationen und Betrieben Dossiers irgendwie zwischen dem HR und Führungskräften herumgeschoben, mal dieser und mal jener Test eingesetzt und die anzustellende Person oft nach Gutdünken und persönlicher Präferenz ausgesucht. Transparenz in

Bewerbungsverfahren wirkt sich in jedem Fall positiv auf Frauenbewerbungen aus, obwohl man auch hier, solange das Geschlecht bei der Bewerbung noch angeben muss und sich ein Foto im CV befindet, vor Stereotypen nicht gefeit ist. Das Bewerbungsverfahren des EDA macht aber noch etwas anderes deutlich: Hier treten nur Frauen und Männer mit sehr großem Ehrgeiz und Karrierewillen an und es können nur diejenigen in diesem Prozess bestehen, die starke Nerven haben und selbstreflektiert sind. Und deshalb zieht hier das Argument von karrierescheuen Frauen nicht, wenn es um die effektive genderspezifische Verteilung auf der obersten Kaderebene geht. Es ist schon einigermaßen erstaunlich, dass 48 % der Personen, die über die letzten zehn Jahre in den diplomatischen Dienst eingetreten sind, Frauen sind und sie doch nur einen Fünftel der Botschafterinnen und Missionschefinnen ausmachen. Dem ist eine EDA-interne Studie auf den Grund gegangen. In der Folge wurden Maßnahmen, zum Beispiel bei der Durchführung der Assessments, die vor dem letzten Karriereschritt stattfinden, ergriffen. Die Firma, die die Assessments durchführt, erhielt den Auftrag, auf genderspezifische Aspekte und Stereotypen zu achten und diejenigen, die Frauen zum Nachteil gereichen können, herauszurechnen. Die Folgen waren beachtlich: Während vor der Anpassung der Assessments 4 % weniger Frauen als Männer reüssierten, waren es danach 4 % mehr!

Zwei weitere Maßnahmen zur Förderung von Frauenkarrieren und Diversität überhaupt, die erwähnenswert sind, sind die balancierte Auswahl von Dossiers in Bewerbungsverfahren nach Sprache, Geschlecht und Alter sowie der Ersatz von Assessments auf unteren Kaderstufen durch die ab 2019 neu angebotene Führungsausbildung *Management Development*. Auch für letztere muss man sich zuerst qualifizieren, was mehr Frauen als Männer tun. Das liegt unter anderem daran, dass man vermehrt auf Entwicklungspotential und -bereitschaft der Kandidaten und Kandidatinnen schaut, statt auf die Fähigkeit, sich gut zu verkaufen. Ein gewisses Maß an Bescheidenheit wird hier positiv bewertet, was Frauen nicht erstaunlicherweise häufiger aufweisen als Männer. Es ist zu hoffen, dass sich die Überzahl der Frauen in der Führungsausbildung zu einem späteren

Zeitpunkt auch auf deren Ernennung in eine höhere Kaderstufe auswirken wird.

Zusammenfassend könnte man sagen, dass die Erfolgsfaktoren zur Förderung von Frauenkarrieren beim EDA folgende sind:

- Ein hoher Anteil hochqualifizierter und karriereorientierter Bewerberinnen
- Transparenz und Ausgewogenheit der Dossierselektion bei Bewerbungsprozessen
- Frauenfreundlichere Kriterien bei der Auswahl von Kandidierenden für höhere Positionen und Teilnahme an Führungsschulungen
- Hohe Aufmerksamkeit für Geschlechterstereotypen bei Assessments
- Eine flexible Organisation, die ihre Führungskräfte permanent durch Bewerbungsverfahren herausfordert und damit immer wieder Türen für einen möglichen Aufstieg öffnet.

*Königinnen*

Die erste Schweizer Botschafterin hieß Francesca Pometta, trat 1957 in den Dienst des EDA ein und wurde 1977 zur Direktorin für internationale Organisationen. Nach mehreren wichtigen Tätigkeiten, zum Beispiel in der Botschaft in Washington D.C., bei den Vereinten Nationen in New York oder beim Europarat in Bern, wurde sie 1987 zur Botschafterin ernannt und war in dieser Funktion in Rom und Malta tätig. 2018 wurden von 110 Botschaften 20 von Frauen geleitet. Das sind lediglich 18 %, aber es ist dennoch ein gewaltiger Fortschritt, gab es doch um die Jahrtausendwende nur vier weibliche Botschafterinnen. 2018-2019 wurden mit Christine Schraner Burgener (Berlin), Livia Leu Agosti (Paris) und Rita Adam (Rom) sogar drei der wichtigsten Botschaften in Frauenhand gelegt. Zu dieser positiven Entwicklung trug nicht zuletzt die vom EDA verfolgte Politik Chancengleichheit 2010-2020 bei, deren Ziel es ist, bis ins höhere Kader Parität und im Topkader den Zielwert von 30 % zu erreichen. Maßnahmen dazu sind die Sicherstellung der Transparenz in allen Personalprozessen, die regelmäßige Überprüfung der Lohngleichheit und auch die Anpassung der Personalgewinnungs- und Assessmentverfahren.

Wer einmal einer großen Zahl beeindruckend eleganter und hochkompetenter Frauen begegnen möchte, sollte in einen meiner Workshops beim EDA hineinschauen. Dort sieht es nicht aus wie bei einer Veranstaltung in der Privatwirtschaft, zu der Frauen ausschließlich im Hosenanzug erscheinen und sich möglichst einem männlichen Auftritt und Verhalten anpassen. Nein, hier werden Kompetenz, Macht und Weiblichkeit mit Phantasie und gutem Geschmack vereint. Dass die Umgangsformen »impeccables« sind und in mindestens drei Sprachen parliert wird, ist selbstverständlich. Immer wenn ich mich daran erinnern will, dass mächtige Frauen nicht verkleidete Männer sein müssen, muss ich mir nur die Königinnen des EDA vor Augen führen.

## Klassische Fehlinvestitionen

### Die Sache mit den Softskills

*Jemand, der es darauf anlegt, in allen Dingen moralisch gut zu handeln, muss unter einem Haufen, der sich darum nicht kehrt, zu Grunde gehen.*

NICCOLO MACHIAVELLI

In der aktuellen Leadership-Theorie ist man sich einig: Ohne das Beherrschen wichtiger Softskills wird man heute keine gute Führungskraft mehr. Herumbrüllende, harsch zurechtweisende oder die Entwicklung ihrer Mitarbeitenden unterdrückende Chefs und gelegentlich auch Chefinnen sind Dinosaurier einer alten Führungskultur, die endlich überwunden werden muss. Die moderne Führungskraft ist mehr Coach als Chef, fördert ihre Mitarbeitenden, sucht konstruktiv nach Lösungen für schwierige Fragestellungen der heutigen Zeit, setzt sich für Erfolg und Wohl des gesamten Unternehmens ein, begegnet anderen Menschen anständig und führt in die Zukunft. Unsere Welt ist, wie man in Beraterkreisen gern sagt, geprägt von *VUCA* (volatility, uncertainty, complexity, ambiguity). Veränderungen durch technische Innovationen, neue Märkte und steigende Ansprüche der Kundschaft, seien dies Abnehmer und Abnehmerinnen von Produkten, Patienten und Patientinnen, Eltern oder Studierende, stellen Unternehmen und Organisationen vor neue Herausforderungen, und dies in zunehmendem Tempo mit steigender Ungewissheit und Unsicherheit. Erhöhte Komplexität verbirgt den Zusammenhang zwischen Ursachen und Wirkungen. Was und wie man etwas tut, kann ungewollte Konsequenzen haben. Da Wissensgebiete ausfransen und ineinander übergreifen, gewinnen Interdisziplinarität und Interprofessionalität an Bedeutung und bedingen bessere Zusammenarbeit über die fachlichen Grenzen hinaus. Expertenorganisationen sind aufgefordert, prozessorientierte Organisationsformen zu fördern und müssen von ihren Mitarbeitenden und Führungskräften einfordern, aus den fachlichen Silos herauszukommen. Einfache Rezepte helfen hier nicht mehr, Komplexität muss mit Komplexität begegnet werden. »Best practice« und »One fits all« sind gestrige Ansätze.

Moderne Leader verstehen es im Idealfall, durch dieses Umfeld zu steuern und tun dies nicht isoliert, sondern unter Einbezug ihres Teams und ihrer Kollegen und Kolleginnen. Sie lassen sich auch von Entwicklungen und Quellen außerhalb ihres Fachs inspirieren und kümmern sich um ihre körperliche und mentale Fitness, um hier bestehen zu können. Dies alles ist äußerst anspruchsvoll und bedarf einer kontinuierlichen Persönlichkeitsentwicklung und des Erwerbs neuer Fachkenntnisse, aber eben auch der Aneignung zusätzlicher Fähigkeiten, sogenannter Softskills. Unzählige Studien belegen, dass Führungskompetenzen wie Teamorientierung, Motivation, Selbstkritik, Offenheit und Empathie die Zufriedenheit und die Gesundheit der Mitarbeitenden erhöhen und erhalten. Gleichzeitig führen sie zu besseren Resultaten und größerem wirtschaftlichen Erfolg.

Aber wie sieht die Realität in den meisten Organisationen aus? Der *Gallup Engagement Index* gibt seit Jahren das Engagement der Arbeitnehmenden an und weist beispielsweise für Deutschland nur bei 15 % der Arbeitnehmenden eine hohe, bei 70 % eine geringe und bei 16 % überhaupt keine emotionale Bindung an den Arbeitgeber aus. Die Zahlen für die Schweiz sind vergleichbar. Dieser Zustand ist mehr als unbefriedigend, und wenn man zudem bedenkt, dass Mitarbeitende den Arbeitgeber mehrheitlich wegen ihres oder ihrer direkten Vorgesetzten verlassen, stellt sich effektiv die Frage nach der Führungsqualität. Deshalb wird in modernen Leadership-Programmen und in Kommunikationskursen die Wahrnehmung von verbalen und nonverbalen Finessen geschult, Metakommunikation, aktives Zuhören und Paraphrasieren trainiert. Authentizität ist zudem aktuell das wichtigste Merkmal einer vorbildlichen Führungskraft.

Daran ist nichts verkehrt. Und dennoch ist hier eine Falle versteckt, die so gut wie nie thematisiert wird. Ein Teil der Führungskräfte, vor allem Junge und Frauen, unterliegen beim Besuch einer gängigen Leadership-Ausbildung oder eines Kommunikationskurses einer Täuschung: Sie stellen fest, dass sie einen großen Teil der Trainingsinhalte, insbesondere erwähnte Softskills, bereits kennen und praktizieren. Sie können aktiv zuhören, »hmsen« (mhm, mhm, aha, mhm ...) und beziehen stille Kolleginnen und Kollegen in eine Diskussion mit ein. Sie wissen, dass sie ihre Arme während eines Gesprächs nicht unfreundlich verschränken dürfen, dass sie gelegentlich aufmunternd lächeln und ihrem Gegenüber Wertschätzung in Form von Lob und detaillierter Rückmeldung entgegenbringen sollen. Viele haben als Kinder in der Schule bereits gelernt, sich im Team auszutauschen, zum Beispiel in der Klassenrunde. Sie haben Erfahrung mit konstruktiven Feedbackgesprächen gemacht oder mit gewaltfreier Kommunikation in einem Halt-Gewalt-Projekt. Als erwachsene Kursteilnehmerinnen und Kursteilnehmer schließen sie nun ihre Führungsausbildung mit einem guten Gefühl des »ich fühle mich bestätigt, ich wusste das ja schon!« oder je nachdem auch in einer gelangweilten Stimmung, »da war ja nicht viel Neues dabei«, ab. Und sie merken nicht, dass sie nur die eine Hälfte der Kompetenzen, die sie benötigen, um als Führungskraft Karriere zu machen, beherrschen und dass die andere Hälfte, die des Umgangs mit Machtspielen und des Durchsetzungsvermögens, im Kurs glatt unterschlagen wurde. Wäre nämlich die Arbeitswelt eine durchwegs freundliche mit flachen Hierarchien und agilen Teams, in denen sich entsprechend trainierte Menschen jederzeit unterstützend begegnen und gewaltfrei kommunizieren, würde das in der Leadership-Ausbildung Erlernte vollkommen ausreichen, um erfolgreich zu sein.

Leider ist die Realität oft eine andere, insbesondere in Kontexten, in denen Entscheidungen gefällt werden, in denen verhandelt, gewetteifert und befördert wird. Nicht wenige Dinosaurier sind immer noch im Einsatz und auch in der jüngeren Chefgeneration gibt es noch genügend Führungskräfte, die trotz der fast in jedem Unternehmen vorhandenen Wertepapieren und Kompetenzkatalogen die alte Schule von Status und Seilschaften pflegen. Kommt man nun motiviert und aufgerichtet vom Führungstraining in das reale Unternehmen zurück und kommuniziert über alle Grenzen hinweg jederzeit transparent und offen, verwechselt Authentizität mit Agieren als Privatperson oder übt sich in Bescheidenheit (»new modesty«), kann man eine ganz schöne Bauchlandung hinlegen. Man tritt ungewollt in gut gehütete Gärtchen, bietet Angriffsfläche, wo Konkurrenten und Konkurrentinnen lauern, und verbreitet durch ein naives Verständnis von Authentizität gar ein unprofessionelles Bild seiner selbst.

Um in einem hierarchischen Umfeld bestehen zu können und erfolgreich zu sein, sind Kompetenzen gefragt, die die offiziell vermittelten Softskills ergänzen, wenn nicht gar aushebeln: sich durchsetzen, sich Gehör verschaffen, lobbyieren, Networking und Selbstmarketing betreiben. Um sich letztere anzueignen, gibt es wenig Weiterbildungsangebote. Machtspiele und Taktiken kommen in Leadership-Kursen kaum vor, sind vielerorts sogar tabuisierte Themen. Jemanden gekonnt unterbrechen und sich nonverbal verteidigen wird im Kommunikationskurs nicht geübt.

Deswegen müssen sich Frauen und Männer, die Wettbewerb und den Umgang mit Machtspielen nicht beherrschen, dringend auch diesen Teil notwendiger Kompetenzen aneignen. Sie müssen »zweisprachig« werden und je nach Kontext ihre kommunikativen Fähigkeiten anzupassen wissen. Nur so gelingt in den meisten hierarchischen Organisationen ein Aufstieg. Die guten Machtspieler und Machtspielerinnen wissen das längst. Sie beherrschen die Hardskills und eignen sich zusätzlich in der modernen Leadership die Softskills an. Sie sind zweisprachig unterwegs.

## Drei Fallen – Beliebtheit, Fleiß, Überarbeitung

*Wer sich eine Grube gräbt, fällt selbst hinein!*

Im Arbeitsalltag lauern ein paar typische Gefahren, die es zu kennen und zu umgehen lohnt. Dabei sind mir im Rahmen meiner Coachingtätigkeit und im Austausch mit Kursteilnehmenden vor allem drei Fallen aufgefallen, die ich hier vorstellen möchte:

### Die Beliebtheitsfalle mit dem Treiber *be nice!*

In dieser Falle sitzen meist Frauen, Männer sind aber auch nicht grundsätzlich davor gefeit.

Mädchen erhalten in ihrer Sozialisation von Eltern, Verwandten, Lehrpersonen und auch von anderen Kindern viel positives Feedback auf »nettes Verhalten«. Sie nehmen Rücksicht, drängeln sich nicht vor, lächeln, helfen anderen und sagen bitte und danke. In der Schule setzt man freundliche Mädchen gern neben »schwierige Jungs«, weil das die Atmosphäre im Klassenzimmer verbessert. In Mädchengruppen zählt oft nicht die Stärkste oder schulisch Beste am meisten, sondern die »Beliebteste«. Sie verfügt über die meisten Informationen über andere Mädchen, wird an alle Geburtstagsfeste eingeladen und viele möchten mit ihr befreundet sein. Sie setzt modische Trends und gilt nicht selten dem gerade aktuellen Schönheitsideal, wie es von Magazinen und »Influencerinnen« definiert wird, entsprechend als attraktiv. Mädchen, die nur bedingt oder gar nicht diesem Bild entsprechen, bemühen sich darum, wenigstens zu gefallen und sich zumindest nicht unbeliebt zu machen, weil sonst der Ausschluss aus der Gruppe droht. Zu dominante Mädchen wiederum laufen Gefahr, von Kolleginnen negatives Feedback zu erhalten und abgestraft zu werden. Um dies zu vermeiden, versuchen sie ihre Überlegenheit zu verstecken und einige von ihnen geben sich schwächer und bescheidener, als sie eigentlich sind. Man spricht bei Mädchengruppen von einer *Beliebtheitshierarchie* im Gegensatz zur *Dominanzhierarchie*, die in den Jungengruppen spielt.

Viele Frauen bleiben dann später in der Berufswelt unbewusst in der Rolle der »Netten« stecken. In Organisationen hört man häufig auf die Frage »Kennst du Frau Müller?« eine Antwort wie »Ja, das ist eine Nette!«, als wäre dies eine Qualifikation. Durch verstärkte Forderung nach Kundenfreundlichkeit wird zusätzlich suggeriert, dass Freundlichkeit die wichtigste Sozialkompetenz sei, was ja gegenüber Kunden und Kundinnen auch stimmt, aber sich eben nicht auf alle beruflichen Interaktionen übertragen lässt. Denn leider ist die Rolle der Netten in Machtspielen eine machtlose. Wer sich durchsetzen möchte, sollte sich von der Vorstellung oder vom Wunsch befreien können, dass man von allen gemocht werden muss. Wer eine klare Position einnimmt und diese überzeugend vertritt, kann nicht nur Freunde haben. Statt »ich bin beliebt« muss das Ziel nun heißen: »Ich werde respektiert!«


**Die Fleißfalle mit dem Treiber *work hard!***

Bis zum Ende der Schulzeit, ja gar bis zur Dissertation, zählen Arbeitseinsatz und Fleiß. Mädchen und Frauen erzielen meist bessere Noten als ihre männlichen Kollegen. Sie investieren viel Zeit, um ein Sternchen, ein Smiley oder eine Sechs, bzw. in Deutschland eine Eins, zu erreichen. Die 80/20-Regel, die besagt, dass mit 20 % des Einsatzes bereits 80 % des Ergebnisses erzielt wird, kommt nicht zur Anwendung. Stattdessen wird voller Einsatz geleistet. Leider ändern sich die Spielregeln in der Arbeitswelt, wenn es gilt nach außen hin erfolgreich zu wirken. Fleiß wird nicht mehr belohnt, sondern kann sogar beförderungsschädigend wirken. Wer am Morgen die Erste und am Abend die Letzte im Büro ist, mit eiligen Schritten viele Akten durch die Gänge trägt und möglichst viel Zeit allein vor dem Computer mit dem Verfeinern letzter Details verbringt, erlangt eine beförderungshemmende Außenwirkung: Die Frau ist am Limit! Mehr kann man ihr nicht zumuten. Der Kollege hingegen, der offenbar weiß, welche Aufgaben prestigeträchtig sind und die Fleißarbeiten nach unten delegieren oder geschickt seinen Peers zuschieben kann, hat immer wieder etwas Zeit, sich auf dem Gang mit anderen auszutauschen und über seine Erfolge zu reden. Seine Außenwirkung ist nun folgende: Da ist doch noch Potential, Luft nach oben! Vielleicht müsste man mit ihm mal über einen Karriereschritt reden. Die fleißige Kollegin hingegen bleibt sitzen. Weshalb sollte man sie auch wegbefördern? Wer macht dann die ganze Arbeit?

In einer klassischen Führungslaufbahn wird man für Durchsetzungsvermögen befördert, nicht für stillen Einsatz. Nicht »Do the job!«, sondern »Get the job done!« ist das Erfolgsrezept.

### Die Überarbeitungsfalle mit dem Treiber *die young!*

In diese Falle tappen bis heute mehrheitlich Männer. Aber Achtung: Auch hier holen Frauen auf! Für einmal in einer Disziplin, die sie lieber bleiben lassen sollten.

Mit Tunnelblick und Überstunden auf dem Karriereweg. Das Sozialleben managt die Ehefrau, die Kinder sieht man beim Gutenachtsagen und am Wochenende. Erholung war früher, heute wird am Wochenende noch ein Marathon reingeschoben. Männer in dieser Falle sterben im schlimmsten Fall jung, an einem Herzinfarkt oder durch Freitod. Gerade für die zweite Variante gab es in den letzten Jahren einige prominente Beispiele. Es gibt aber noch weitere Arten von »Toden«, die aus der Überarbeitung resultieren: Die Ehe stirbt, ohne dass man die »Krankheit« vorher bemerkt hat, die Kinder sind erwachsen, aber das Vatersein ist verpasst, das Geschäft ist an die Wand gefahren, ohne dass man die Vorzeichen bemerkt hat.
     Eine bessere Work-Life-Balance wäre hier dringend gefordert. Diese aber wird in vielen Unternehmen trotz offiziellem Bekenntnis dazu nicht wirklich gefördert. Und die Idee einer guten Work-Life-Balance wird von den Mitarbeitenden selbst oft auch missverstan-

den. Work-Life-Balance heißt dann im schlimmsten Fall Selbstoptimierung auf allen Ebenen, heißt Spitzenleistung im Beruf und in körperlicher Fitness plus eine beachtliche soziale Stellung. Ich höre selten, dass Führungskräfte zum Ausgleich zu ihrer anstrengenden Tätigkeit spazieren gehen oder auf dem Sofa liegen. Nein, sie joggen täglich oder erklettern am Wochenende Berggipfel. Dabei wäre mehr Gelassenheit und etwas Faulheit kräfteschonender. Und es wäre dringend nötig, sich folgende Fragen zu stellen: Was sind meine Prioritäten im Leben? Was möchte ich erreichen, welche Lebensqualität will ich für mich und meine Familie? Fühle ich mich gesund, ausgeschlafen? Sehe ich meine Freunde und Freundinnen immer noch oft genug?

Vor kurzem habe ich irgendwo im weiten Web einen Satz gelesen, der mich sehr beeindruckt und aufgerüttelt hat, und der hier genau passt:

»Definition der Hölle: An deinem letzten Tag auf Erden wird der Mensch, der du geworden bist, den Menschen treffen, der du hättest werden können.«

## Unendlich weitergebildet

*Wer immer tut, was er schon kann,*
*bleibt immer das, was er schon ist.*

HENRY FORD

Menschen, die ihren Marktwert in der Arbeitswelt steigern oder zumindest erhalten wollen, bilden sich permanent weiter. Bereits erworbene Fähigkeiten, zum Beispiel das Beherrschen von Computerprogrammen, Apps und technischen Skills aller Art, haben eine immer kleinere Halbwertszeit. Die rasante Entwicklung in IT und Technik lassen es nicht mehr zu, sich auf dem aktuellen Wissensstand auszuruhen. Fremdsprachen wollen erworben und gepflegt werden. Wer eine Sprache länger nicht nutzt, verliert zuerst deren aktiven Gebrauch und baut auch den passiven Wortschatz vorübergehend ab. Neben dem Erhalten und Erweitern von bereits Erlerntem geht es aber auch darum, ständig neue Kompetenzen zu erwerben. Viele davon gehören zu den sogenannten »Softskills« oder »Metaskills« (Neumeier 2012), wobei Metaskills diejenigen unter den Softskills sind, in denen Menschen heutigen Einschätzungen gemäß künstlicher Intelligenz oder Robotern überlegen bleiben werden. Diese sind beispielsweise Fühlen und Empathie oder Träumen als angewandte Vorstellungskraft. Harte und weiche Fähigkeiten werden also erlernt und weiter trainiert, in einer immer größer werdenden Anzahl an Kursen vermittelt und mit einer großen Vielfalt von Zertifikaten bescheinigt.

Das Weiterbildungsangebot an Trainings in Kommunikation, Umgang mit Konflikten, Selbstmanagement und Arbeitstechniken sowie die Lehrgänge in Leadership und Management sind beinahe unendlich. Viele der hier vermittelten Softskills sind direkt verbunden mit den Leitbildern, Kompetenz- und Wertekatalogen von Unternehmen, deren Einzigartigkeit und spezieller Zuschnitt auf die entsprechende Organisation gern betont werden. Inhaltlich sind die Werke allerdings kaum voneinander zu unterscheiden. Wertschätzende Kommunikation, Vorbildfunktion, Loyalität oder Diversität finden sich in unterschiedlicher Ausprägung in beinahe jedem dieser Papiere. Daher ist es nicht erstaunlich, dass amerikanische CEOs, denen man eine Reihe von Leitbildern in neutraler Schrift und ohne Logo vorlegte, das ihrer eigenen Firma nicht zu erkennen vermochten. Mitarbeiterinnen und Mitarbeiter, Führungs- und Fachkräfte werden nun auf Basis dieser übergeordnet definierten Anforderungen in Weiterbildungen innerhalb und außerhalb der Unternehmen geschickt.

Laut Weiterbildungsstatistik 2017 des Bundesamts für Statistik der Schweiz hat die Einbindung in den Arbeitsmarkt einen entscheidenden Einfluss auf die Teilnahme an Weiterbildungen. Erwerbstätige besuchen diese doppelt so oft wie Erwerbslose. Die Mitarbeitenden, die eine Weiterbildung in Zusammenhang mit ihrer Anstellung absolvieren, sind hingegen unterschiedlich motiviert. Einige besuchen freiwillig einen Kurs, andere werden nach einem kritischen Mitarbeitergespräch zur Teilnahme verpflichtet. So findet dann in vielen Trainings eine bunte Mischung aus Teilnehmenden mit unterschiedlichsten Beweggründen zusammen, zum Beispiel die unter Trainerinnen und Trainern heimlich als »Weiterbildungstouristinnen« – es sind meist Frauen – bezeichneten Dauerbegeisterten und schon beinahe Profis solcher Formate, die »Laufbahnorientierten«, die einmal mehr, einmal weniger enthusiastisch Trainings besuchen, weil diese für ihre aktuelle oder nächste Karrierestufe unabdingbar sind, und die »Zwangsverknurrten«, die beispielsweise endlich lernen sollen, »anständig« zu kommunizieren. Gute Trainer und Trainerinnen verstehen es nun, die heterogene Gruppe zusammenzubringen und zu begeistern und sind zu Recht stolz, wenn ein paar der unfreiwillig Anwesenden am Ende des Kurses in der Feedbackrunde oder diskret unter vier Augen sagen, sie hätten zwar kommen müssen, aber zum Schluss sei es doch ganz nützlich und gar nicht so übel gewesen.

Weshalb ist dies alles nun für Frauen und speziell für ihre Karrieren relevant? Im Bereich der nichtformalen Bildung, zu der die erwähnten Kurse und Seminare gehören, sind zwar etwas mehr Männer als Frauen anzutreffen, was aber durch ihre stärkere Vertretung in höheren Funktionen und damit mit leichterem Zugang zu diesen Angeboten erklärt werden kann. Der Hauptunterschied zwischen Männern und Frauen liegt nicht in der Anzahl ihrer Vertreter und Vertreterinnen, sondern in deren Themenwahl. Die gefragtesten Kursthemen bei den Männern sind Informatik, Führung, industrielle Produktion, Dienstleistungen und Sicherheit, während die Frauen am häufigsten in den Kursen zu Gesundheit, Sprachen und Persönlichkeitsbildung (siehe Wertekataloge!) anzutreffen sind. Dies hat zum einen natürlich mit der bereits bestehenden Verteilung der Geschlechter auf die entsprechenden Berufe zu tun, zum anderen aber eben auch mit der Fortschreibung der Interessenstendenzen, die sich bereits bei der Wahl der ersten Ausbildung zeigen. Etwas überspitzt könnte man sagen, dass viele Frauen nach einer für sie typischen Wahl der Berufsbildung, die oft zu schlechter bezahlter Erwerbstätigkeit führt, bei den anschließenden Weiterbildungen viel seltener die Chance nutzen, sich zusätzliche »Hardskills« anzueignen. Sie beschäftigen sich stattdessen noch weiter mit dem, was sie bereits gut können. Weiterbildungen zur Persönlichkeitsentwicklung beispielsweise sind zwar von hohem Wert, insbesondere für Führungskräfte, aber die Qualifikation in IT, Technik, Finanzen und Management, zum Beispiel in Projektmanagement, kann mitentscheidend für einen nächsten Karriereschritt sein. Eine strategische und ausgewogene Wahl der Kurse wäre folglich für Frauen von großer Bedeutung. Zweitens kommt nun auch noch die Wahl des Weiterbildungsanbieters hinzu. Männer schauen hier vermehrt auf Prestige und Rating der Institution sowie auch auf den Abschlussgrad. Frauen machen in den EMBA-Programmen von besonders renommierten Anbietern wie beispielsweise der Universität St. Gallen oder der IMD Business School in Lausanne nur rund einen Drittel aus. In einem CV würden diese Abschlüsse aber einen weitaus größeren Eindruck machen als der Abschluss an einer Bildungsinstitution mit geringerer Ausstrahlung. Drittens entscheiden sich Frauen oft in dem Moment für eine Weiterbildung, in dem sie beruflich weiterkommen möchten und gehen davon aus, dass sie zuerst eine neue Qualifikation erwerben müssen, bevor sie sich für eine höhere Kaderfunktion bewerben. Männer gehen dies in der

Regel viel sportlicher an, indem sie sich direkt bewerben und darauf setzen, sich die nötigen Qualifikationen »on the job« aneignen zu können. Zudem zahlt, falls gut verhandelt, der aktuelle oder künftige Arbeitgeber dann auch noch die passende Weiterbildung.

Möchten Frauen Weiterbildungen gezielt für ihre Karriere nutzen, brauchen sie unbedingt eine strategische Weiterbildungsplanung, die folgende Elemente beinhalten muss:

- Das eigene Profil ergänzende Skills im Bereich Management, IT, Technik oder Finanzen
- Führungsausbildung mit anerkanntem Abschluss, möglichst auf universitärem Niveau oder an einer renommierten Business School
- Softskills wie Durchsetzungskraft, Selbstmarketing und Networking
- Besuch von betriebsexternen Weiterbildungen zwecks Networkings
- Bewerbung auf höhere Funktion und erst dann, falls nötig, eine zusätzliche Weiterbildung
- Anbieten eigener Weiterbildungen, um sich im erworbenen Fachgebiet einen Namen zu machen

Und nicht zuletzt geht es darum, die bereits vorhandenen Kompetenzen zu nutzen und in geschicktes Selbstmarketing zu packen. Weshalb nicht von Metaskills statt Softskills reden und die hervorragenden Fähigkeiten in Kommunikation und Empathie einmal unter diesem Gesichtspunkt verkaufen? Oder Authentizität und Kreativität geschickt mit Führungspersönlichkeit und Innovationstalent verlinken? Manchmal ist alles eine Frage des Wording.

# Innere Blockaden und Irrtümer

## Das Hochstaplersyndrom

*Glaube nicht alles, was du über Dich denkst.*

Wenn Menschen ein Gefühl von Unzulänglichkeit verspüren, denken, zu hoch gepokert zu haben oder gar demnächst dabei erwischt zu werden, dass sie nicht beherrschen, was sie seit Jahren vorgeben zu können, dann kann es gut sein, dass sie Opfer des »imposter syndrome«, zu Deutsch »Hochstaplersyndrom«, geworden sind.

Das Hochstaplersyndrom beschreibt ein psychologisches Phänomen, bei dem Betroffene ihre Erfolge nicht annehmen können, überzeugt sind, sich diese erschlichen zu haben und todsicher irgendwann aufzufliegen. Leistungen werden als Folge glücklicher Umstände und Zufälle erlebt und jede noch so kleine Wissenslücke könnte darauf hinweisen, dass das erworbene Diplom unverdient ist.

Frauen und Männer können gleichermaßen von diesem Syndrom betroffen sein, bei Frauen tritt es jedoch ungleich häufiger auf und wird auch eher nach außen getragen. Es beeinflusst Selbstmarketing, Auftritt und Networking negativ und führt zudem dazu, dass Betroffene sich nicht einmal getrauen, sich auf eine ihrem Bildungs- und Erfahrungsstand angemessene Position zu bewerben.

Frauen bewerben sich auf eine Stelle, wenn sie mindestens 100 % des ausgeschriebenen Jobprofils erfüllen, Männer fühlen sich oft schon bei 60 % der Anforderungen bereit für eine Stellenbewerbung, wie in einer internen Erhebung von Hewlett Packard festgestellt wurde. Ob dies nun genau 60 % sind, ist meiner Ansicht nach nicht wesentlich, sondern allein die Tatsache, dass Männer mutiger sind, wenn es um Bewerbungen geht, erhöht ihre Chancen auf eine höhere Funktion. Zudem legen selbst die Unsicheren unter den Männern ihren Fokus während des Interviews auf die von ihnen erfüllten Anforderungen, während Frauen, auch wenn sie nicht danach gefragt werden, alle ihre Ausbildungs- und Erfahrungslücken aufzählen. Sie denken, so vermeiden zu können, dass ihnen jemand auf die Schliche kommt und Mängel aufgedeckt werden. »Also so richtig Erfahrung im Projektmanagement habe ich eigentlich nicht«, tönt es von einer Frau, die gleich qualifiziert ist wie der Mann, der seinerseits das Thema nur auf Rückfrage der Interviewerin anspricht und meint: »Doch, ich war schon an unterschiedlichen Projekten beteiligt und würde mich freuen, die Leitung eines größeren Projekts übernehmen zu dürfen.«

Das Hochstaplersyndrom wirkt sich auch auf Gesprächsbeteiligung und Redezeit in Sitzungen aus. Wer immer das Gefühl hat, sein Fachgebiet oder irgendein Thema auf der Traktandenliste nicht genügend zu beherrschen – genügend heißt hier in den Augen der Betroffenen, mindestens zu hundert Prozent! –, die oder der äußert sich nur selten und nur bei vollständig abgesichertem Wissen. So werden Redebeiträge nun überwiegend von denjenigen beigesteuert, die locker mit ungefähren Kenntnissen umgehen können und die zudem erkannt haben, dass Redezeit nicht in erster Linie genutzt wird, um Inhalte zu transportieren, sondern um Raum einzunehmen und sich zu positionieren. Dies führt dazu, dass bestvorbereitete Frauen während Sitzungen schweigend dasitzen und ihren weniger fleißigen und frecheren Kollegen die Bühnen überlassen. Das wiederum ist Gift für ein erfolgreiches Selbstmarketing, da die guten Leistungen nicht gesehen und nicht gehört werden. Und weshalb leidet nun auch noch die Networking-Tätigkeit darunter? Wer bis zur Sitzung hin mit Vorbereitungen und Perfektionieren der Unterlagen beschäftigt ist, ist bei den wichtigen, informellen Gesprächen vor Sitzungsbeginn nicht präsent und verpasst meist gleich auch die nicht minder wichtigen Unter-vier-Augen-Abmachungen danach.

Wenn Frauen bei sich also einen Anflug von vermeintlicher Hochstapelei entdecken sollten, tun sie gut daran, dies kritisch zu hinterfragen und sich beispielsweise durch Einholen qualifizierten Feedbacks eine Eigenbildkorrektur zu verschaffen. Es steht zu viel auf dem Spiel!

## Reden statt tun

*Selbstvertrauen heißt, Gedanken in Handlungen zu verwandeln.*

Was ist Selbstvertrauen? Viele Menschen halten Selbstvertrauen in erster Linie für ein inneres Gefühl. Fühle ich mich stark? Habe ich Vertrauen in meine Fähigkeiten? Wie geht es mir, wenn ich mit anderen Menschen zusammen bin? Fühle ich mich dann gleichwertig oder unterlegen? Traue ich mir die Übernahme einer anspruchsvollen Aufgabe zu? Der Duden definiert Selbstvertrauen entsprechend als »jemandes Vertrauen in die eigenen Kräfte, Fähigkeiten«. Einige Menschen beschreiben hingegen eher die äußere Wirkung, also eigentlich das selbstsichere Auftreten. Als Merkmale eines sicheren Auftretens werden zum Beispiel eine aufrechte Körperhaltung, Eloquenz, Blickkontakt halten oder Charisma genannt. Definiert wird Selbstsicherheit denn auch als »in jemandes Selbstvertrauen begründete Sicherheit im Auftreten«. Eine solche Sichtweise würde folglich bedeuten, dass jemand, der sich innerlich stark fühlt und in seine Fähigkeiten vertraut, auch nach außen selbstsicher im obengenannten Sinne auftritt.

Besteht dieser Zusammenhang effektiv so? Und woher kommt denn dieses innere Selbstvertrauen? Haben unterschiedliche Ausprägungen von Selbstvertrauen bei verschiedenen Menschen mit biographischen Erfahrungen, Biologie oder Gender zu tun? Und wie lässt sich Selbstvertrauen entwickeln oder steigern und dann auch noch nach außen sichtbar machen? Die Autorinnen Katty Kay und Claire Shipman sind in ihrem Buch *The Confidence Code* diesen Fragen auf den Grund gegangen. Ihr Anlass zur vertieften Untersuchung von Selbstvertrauen war ein subjektiv empfundener Unterschied in der sichtbaren Selbstsicherheit zwischen Männern und Frauen. Ist es doch auffällig, dass sich Frauen trotz größeren Erfolgs in Schule und weiterführender Ausbildung bis hinauf zur Dissertation seltener auf hohe Führungsfunktionen und prestigeträchtige Aufgaben bewerben. Dass sie sich in der Regel weniger gut verkaufen können und stärker unter dem sogenannten Hochstaplersyndrom leiden.

Die beiden Autorinnen haben Spezialistinnen und Spezialisten aus Hirn- und Hormonforschung, Genetik und Epigenetik befragt, sie haben Interviews mit sehr erfolgreichen Frauen aus unterschiedlichen Sparten geführt, Aspekte der Sozialisation, Kultur und persönlicher Biographie berücksichtigt. Sie haben auch die Erfahrungen männlicher und weiblicher Führungskräfte einbezogen, die schildern, wie sie die Selbstsicherheit von Männern und Frauen in der Berufswelt erleben.

Und es gibt in der Tat biologische Unterschiede, sowohl zwischen Individuen insgesamt, als auch zwischen Männern und Frauen. Botenstoffe im Gehirn, wie zum Beispiel Serotonin, wirken sich auf die Wahrnehmung der Außenwelt aus, das Ausmaß der Aktivität der Amygdala, die im Hirn für Angst zuständig ist, die Menge und Kombination von verschiedenen Hormonen wie Testosteron, Cortisol und Oxytocin sorgen für unterschiedliche Ausgangssituationen. Diese wiederum können nun durch Sozialisation, Biographie und Kultur beeinflusst, verstärkt oder abgeschwächt werden. Zieht man männliche Babys beispielsweise rosa an, wird mehr mit ihnen kommuniziert als wenn sie in blau gekleidet sind. Blau angezogene Babys hingegen lässt man etwas länger schreien und fasst sie kräftiger an.

In der Adoleszenz erfahren Mädchen offenbar einen stärkeren Einbruch ihres Selbstvertrauens und müssen wesentlich mehr Energie aufbringen, um hier wieder aufzuholen. Viele Jungen hingegen werden in dieser Phase stärker kompetitiv und engagieren sich in Aktivitäten in größeren Gruppen wie zum Beispiel im Teamsport. Mädchen, die Teamsport betreiben, finden übrigens nach der Schule schneller eine gute Anstellung, haben es leichter in männerdominierten Branchen und verdienen mehr als ihre Kolleginnen.

Dies sind nur einige wenige Faktoren, die Unterschiede im Selbstvertrauen zwischen Individuen und im Speziellen auch zwischen Frauen und Männern schaffen können. Ungeachtet der teilweise heftigen und polarisierenden Diskussionen zwischen verschiedenen wissenschaftlichen Disziplinen (alles Natur, alles Kultur ...) ist es spannend, einfach zu beobachten, wie sich diese Unterschiede in

Bezug auf Karrieren bemerkbar machen und natürlich auch, was man tun kann, um das eigene Selbstvertrauen zu erhöhen und dadurch erfolgreicher und glücklicher zu werden.

Männer tendieren häufiger zu sogenannter *overconfidence*, also zu etwas oder auch zu ziemlich viel Selbstüberschätzung. Sie sind zwar vor Aufgaben, bei denen sie sich stark exponieren müssen, wie beispielsweise bei öffentlichen Auftritten, auch nervös, beschäftigen sich aber weniger intensiv mit ihren Zweifeln oder Ängsten. An der Columbia Business School wurde untersucht, welche innere Haltung die wirkungsvollste für ein selbstsicheres Auftreten ist und dabei der Begriff der *ehrlichen Selbstüberschätzung* geprägt. Selbstüberschätzung ist hier nicht Prahlerei und wird nicht taktisch eingesetzt, sondern die Inhaber dieses Gefühls sind der ehrlichen Überzeugung, dass sie die anstehende Aufgabe gut meistern werden, selbst wenn sie nicht ausreichend dafür qualifiziert sind. Diese Form der ehrlichen Selbstüberschätzung führt nachweislich zu mehr Erfolg als die Neigung, sich zu unterschätzen, sich genau einzuschätzen oder auch sich total zu überschätzen.

Das Gegenstück zur ehrlichen Selbstüberschätzung ist die intensive und detaillierte Beschäftigung mit negativen Gedanken und Zweifeln. Diese führt zu einem Phänomen, das man als »Zögern in Schlüsselmomenten« bezeichnen kann. Nach langem Abwägen bewirbt sich die Frau nun doch nicht auf die Stelle, streckt den Arm nicht hoch im Publikum, sagt nichts in der Sitzung, schreibt ihr Buch nicht fertig und betritt keine Bühne. Das kurze Zögern hat, wenn es öffentlich sichtbar ist, zudem einen negativen Einfluss auf die Außenwirkung: Sie zögert, ergreift die Initiative nicht oder erst zu spät und wirkt dadurch unsicher. Gemeinerweise müsste es leider gerade umgekehrt sein. Wenn Männer einen Raum betreten, wird ihnen von anderen unbewusst etwas zugetraut, sie werden mehrheitlich respektiert. Jetzt müssen sie sich zunächst einmal dumm anstellen und diesen Eindruck zerstören. Bei Frauen ist es genau umgekehrt. Sie müssen zunächst beweisen, dass sie etwas können und dies nicht nur einmal, sondern immer wieder wie Joan Williams und Rachel Dempsey in ihrem Buch *What Works for Women at Work* ausführlich nachgewiesen und beschrieben haben. Und dabei hilft der zögerliche Auftritt leider nicht.

Das Resultat von durch negative Dialoge geschwächtem Selbstvertrauen ist fehlendes Handeln. Und keine noch so gute Ausbildung kann dies wettmachen. Selbstvertrauen ist bezogen auf Karriere nur etwas wert, wenn es in Handlung umgesetzt werden kann.

Wie lernt man das? Zum einen braucht es Disziplin, denn Selbstvertrauen lässt sich trainieren, indem man immer wieder in kleinen Schritten seine Komfortzone verlässt. Ein besseres Gedankenmanagement lässt sich auch erlernen. Immer wenn das negative Gedankenkarussell zu drehen beginnt, tut man nun etwas anderes oder holt sich Feedback von einem grundsätzlich gut gewillten Menschen ein. Männer »nehmen sich« gern einen Coach und kommunizieren dies auch offen, weil ein Coach für sie durchaus ein Statussymbol sein kann, während Frauen sich entweder keinen Coach leisten oder nicht darüber sprechen. Sie möchten nicht wirken, als hätten sie Unterstützung nötig. Dabei wäre die Arbeit mit einem Coach für eine gewisse Zeit eine weitere wirksame Maßnahme, Selbstvertrauen aufzubauen. Es kann auch helfen, sich zwischendurch alle negativen Gedanken kurz zu notieren und so die quälende Stimme im Kopf, den »inneren Kritiker«, zum Schweigen zu bringen. Und Menschen, die täglich Achtsamkeitsübungen machen oder meditieren, und wenn das nur fünf Minuten sind, gelingt es, ruhiger und gelassener und nicht zuletzt auch glücklicher zu werden.

## Solche Teams und solche Teams

*Zusammenkommen ist ein Beginn,*
*Zusammenbleiben ist ein Fortschritt,*
*Zusammenarbeiten ist ein Erfolg.*
HENRY FORD

Was ist ein Team? Laut Duden ist ein Team entweder »eine Gruppe von Personen, die gemeinsam an einer Aufgabe arbeiten« oder im sportlichen Kontext »eine Mannschaft«. Liest man die dazugehörigen Definitionen, sieht man schnell, dass sie in dieser Kurzform bereits unterschiedliche Sichtweisen auf den Teambegriff enthalten. Zwar beschreiben beide die offensichtliche Tatsache, dass in einem Team mehrere Personen gemeinsam etwas tun. Wird im ersten Fall aber ohne ein klar benanntes Ziel und ohne offizielle Teamrollen an irgendetwas gearbeitet, so ist im zweiten Fall das Ziel klar, nämlich zu gewinnen, und es gibt eine ganz klare Rangordnung und Aufgabenteilung innerhalb des Teams. Das Sportteam wird von einem Chef, Captain oder Coach geführt, während die Arbeitsgruppe nicht zwingend eine konkrete Führungsperson braucht. Bei den Sportteams weist der Begriff »Mannschaft« zudem darauf hin, dass sich diese ursprünglich aus männlichen Mitgliedern zusammengesetzt haben.

Geschlechtsspezifische Unterschiede des Zusammenkommens und -tuns lassen sich schon bei Kindergruppen beobachten: Knaben schließen sich häufig in größeren Gruppen zusammen und machen dann gemeinsam irgendetwas Körperliches, typischerweise Fußball spielen, während Mädchen meist in kleineren Grüppchen, zu zweit oder zu dritt, anzutreffen sind und häufiger reden, reflektieren oder Rollenspiele machen. Der Teamgedanke des Sportteams ist daher sozialisationsbedingt eher etwas Männliches und wird so auch von Männern unbewusst und ungeprüft auf andere Teamsituationen in der späteren Arbeitswelt übertragen. Ein klar hierarchisch führender Chef, zum Beispiel in einer Verwaltungseinheit, führt nicht selten eine »Mannschaft«, die ihm jederzeit den Rücken freihalten soll.

Netzwerkartige, agile Arbeitsteams, wie sie die Beraterwelt gern beschreibt und in begleiteten Teamprozessen fördern möchte, und wie sie auch die meisten Frauen vorziehen, meinen eine andere Form von Team. Hier wird unter Team etwas Egalitäres verstanden, eine Gruppe, in der alle möglichst gleich viel beizutragen und zu sagen haben. Diese Teamvorstellung, oder gelegentlich beinahe schon Teamideologie, ist eine ganz andere als die der Mannschaft. In beiden Teamformen steht dennoch die Identifikation mit dem Team zuoberst. Frauen haben auf Grund ihrer Sozialisation in Mädchengruppen nun aber eher die Tendenz, sich unter einem Team eine horizontale Netzwerkform vorzustellen, in der alle allen zuhören, alle möglichst gleich viel zu sagen haben und jede ihre Meinung offen äußern darf. Im klassischen Männerteam hingegen heißt Teamarbeit zunächst unbestrittene Unterordnung unter den Leiter und bedingungslose Loyalität zur Gruppe, was gerade das Äußern der eigenen Meinung oder gar den offenen Widerspruch nicht meint! Hier wird an einem Strick gezogen, um gemeinsam erfolgreicher als andere Teams zu sein, also um zu gewinnen. Diese unterschiedlichen und in der Regel auch unreflektierten Auffassungen von Team und »Teamgeist« führen nun dazu, dass sich Frauen oft darüber beklagen, Männer würden sich bei ihren Chefs »einschleimen«, während Männer Frauen, die offen alles hinterfragen und widersprechen, mangelnden *Esprit de Corps* vorwerfen.

Wer hat hier nun Recht? Welche Art von Team ist erfolgreicher? Katzenbach und Smith unterscheiden in *The Wisdom of Teams* zwischen *Arbeitsgruppen, Pseudo-Teams, potenziellen Teams, echten Teams* und sogenannten *Hochleistungsteams*. *Arbeitsgruppen* beschränken sich auf den Austausch von Informationen und treffen Entscheidungen, die die einzelnen Mitglieder dann wiederum in ihrem individuellen Aufgabenbereich unterstützen. »Bilden wir doch eine Arbeitsgruppe«, hört man in Organisationen häufig, wenn ein Thema organisationseinheitenübergreifend behandelt werden soll. Aus mikropolitischen Gründen wird eine solche Gruppe durchaus auch gelegentlich ins Leben gerufen, um den Einbezug aller und egalitäres Arbeiten vorzutäuschen, während die wesentlichen

Entscheide parallel dazu woanders getroffen werden. *Pseudo-Teams* sind noch weniger effektiv als *Arbeitsgruppen*, weil sie zwar kollektive Anliegen verfolgen könnten, dies aber aus unterschiedlichsten Gründen, oft auch aus mikropolitischen, nicht tun. Sie haben kein gemeinsames Ziel, das ihnen Ausrichtung geben kann, und verlieren so an Leistungskraft. *Potenzielle Teams* wiederum versuchen durch Teamarbeit (»die Teamleistung ist größer als die Summe der Einzelleistungen«) effektiver zu sein, schaffen das aber nicht wirklich, weil sie die wesentlichen Erfolgsfaktoren von guter Teamarbeit, wie weiter unten beschrieben, nicht kennen und folglich auch nicht nutzen können. *Echte Teams* nach Katzenbach und Smith hingegen sind »kleine Gruppen von Personen, deren Fähigkeiten sich ergänzen und die sich für eine gemeinsame Sache, gemeinsame Leistungsziele und einen gemeinsamen Arbeitsansatz engagieren und gegenseitig zur Verantwortung ziehen«. Nur *Hochleistungsteams* gehen noch über die Leistung von *echten Teams* hinaus, indem sich ihre Mitglieder zusätzlich für die Entwicklung und den Erfolg ihrer Kollegen und Kolleginnen einsetzen und bereit sind, ihre persönlichen Ambitionen hintenanzustellen. Der Auftrag dieser Teams in sogenannten *high reliability organizations* ist es, das Unerwartete zu managen. Sie zeichnen sich in erster Linie durch hohe Flexibilität und die Achtung der Kompetenzen aller Beteiligter aus. Beispiele dafür, wie sie von Karl Weick und Kathleen Sutcliffe in *Managing the Unexpected* beschrieben wurden, sind typischerweise Teams auf Flugzeugträgern, in der Feuerwehr oder in Kernkraftwerken. Dass die an solche Teams gestellten Anforderungen mit individuellen Karrierestrategien in Konflikt stehen können, versteht sich von selbst. Deshalb müssen die Mitglieder von Hochleistungsteams fähig und bereit sein, ihre eigenen Ambitionen den höheren Interessen unterzuordnen.

Weder das stereotype »Mannschaftsteam« der Männer noch das ebenso klischeehafte »egalitäre Team« der Frauen entsprechen in ihrer Extremform den beschriebenen Hochleistungsteams. Egalitäre Teams, die sich vor allem durch Harmoniebedürftigkeit und Gleichmacherei auszeichnen, können keine hohe Leistung erbringen, da die Unterschiedlichkeit der Stärken und Exzellenz der einzelnen Mitglieder nicht betont werden darf und somit individuelle Erfolge nicht hervorgehoben werden können. Gleichmacherei um des Teamfriedens willen bremst den Teamerfolg. Sport- oder »Militärteams« hingegen sind in ihrer extremsten Ausprägung, in der Widerspruch nicht geduldet werden darf, ebenfalls keine *echten Teams* oder *Hochleistungsteams*, weil die bedingungslose Unterwerfung ihrer Mitglieder unter die jeweils Ranghöheren blinde Flecken fördert und eine wirkliche Fehlerkultur behindert. Größere Unfälle in der Luftfahrt oder bei chirurgischen Eingriffen lassen sich denn auch häufiger auf kommunikative Lücken, einem Fehlen von sogenanntem *Speaking up*, als auf technische Schwierigkeiten zurückführen.

Amy Edmondson, Professorin für Leadership und Management in Harvard, hat untersucht, welche Erfolgsfaktoren gute Teamleistung und -verhalten, von ihr *Teaming* genannt, ermöglichen und nennt als wichtigste *Speaking up* (Widersprechen, Einwände anbringen), *Kollaborieren, Experimentieren* und *Reflektieren*. Nur Teams, die eine Kultur der psychologischen Sicherheit pflegen und *Teaming* fördern, sind erfolgreich und erbringen bessere und sicherere Leistung, wie Edmondson evidenzbasiert aufzeigen kann.

Erfolgreiche Teams entsprechen also weder dem stereotypisch weiblichen noch dem stereotypisch männlichen Teambild, sondern sind eine gute Mischung der beiden. Klare Strukturen und Regeln, Identifikation und Loyalität gegenüber der Gruppe und Anerkennen von Spitzenleistung Einzelner gepaart mit Gleichwertigkeit ihrer Mitglieder, offener Kommunikation und einer angstfreien Kultur wären somit die wichtigsten Merkmale von erfolgreichen Teams. Daraus folgt, dass alle, ob Männer, Frauen oder vor allem Organisationen, einen großen Nutzen daraus ziehen können, wenn sie ihre Teambegriffe und ihre Vorstellung von Teamarbeit reflektieren und miteinander klären, wie sie ihre Teams aufbauen und welche Kultur sie darin leben möchten. Und dabei auch bereit sind, von allenfalls polarisierten Positionen wegzukommen. Wie eine McKinsey-Studie 2015 aufzeigte, sind übrigens diejenigen Firmen erfolgreicher, die eine größere Diversität in ihren Führungsgremien aufweisen. Ihre Performance ist 15 % höher bei geschlechtergemischten Leitungsteams und 35 % bei zusätzlicher kultureller und ethnischer Diversität.

## Sprachrituale

*Die große Kunst der Sprache besteht darin, verstanden zu werden.*

KONFUZIUS

Kommunikation ist wesentlich komplexer als »einfach zu sagen, was man meint«. Es kommt viel mehr darauf an, wie wir etwas sagen und was wir damit meinen, und dies unterscheidet sich von Person zu Person. Die Art, wie Menschen reden und zuhören und was sie zu verstehen glauben, ist hingegen auch zutiefst von unserer kulturellen Erfahrung abhängig, denn Sprache ist erlerntes soziales Verhalten, was zwischen Kulturen, Gesellschaftsschichten, den Geschlechtern und Einzelpersonen zu beträchtlichen Unterschieden in der Art sich auszudrücken oder Dinge zu verstehen führt. Dennoch haben wir meist das Gefühl, dass unsere Art zu kommunizieren »natürlich« sei, und neigen dann dazu, das, was andere sagen, in unserer eigenen Sprache zu lesen und zu interpretieren.

Deborah Tannen (1994), amerikanische Soziolinguistin, hat untersucht, wie Männer und Frauen im Arbeitskontext kommunizieren, und dabei erhebliche kulturelle Unterschiede gefunden, die sie größtenteils auf die geschlechtsspezifische Sozialisation von Mädchen und Jungen und die daraus resultierenden Differenzen in der verbalen und nonverbalen Sprachentwicklung zurückführt. Im Erwachsenenalter beeinflusst dann die kultur- bzw. genderspezifische Art zu sprechen wesentlich, wie kompetent oder selbstsicher Menschen wahrgenommen werden. Neben Lautstärke, Volumen und Tonlage bestimmen auch Wortwahl und Direktheit, die Verwendung von Witzen und Geschichten, Entschuldigungen und Rechtfertigungen und viele weitere Elemente die Außenwirkung von Individuen.

Solange Menschen innerhalb ihrer Sprachkultur kommunizieren, werden sie folglich eher so wahrgenommen, wie sie dies auch möchten. Verlassen sie hingegen ihren Kulturkreis, können sehr schnell sprachliche Missverständnisse entstehen, die sich auf ihre Reputation auswirken. Gerade zwischen den Geschlechtern entstehen so typische kommunikative Fehlinterpretationen.

Frauen beispielsweise benutzen viel häufiger Entschuldigungen und Rechtfertigungen als Männer. Sie senken dabei bewusst ihren Status in der Annahme, dass ihr Gegenüber entsprechend nachziehen wird:

Frau A: »Oh, es tut mir leid, ich habe die Kopien vergessen.«

Frau B: »Macht doch nichts!«

Dieses »Entschuldigungsspiel« ist ein typisches Element in der Kommunikation unter Frauen. Solange beide mitspielen, gibt es dabei nichts zu verlieren. Wenn das Gegenüber hingegen anders kommuniziert und nach anderen Regeln spielt, kann folgendes passieren:

Frau A: »Oh, es tut mir leid, ich habe die Kopien vergessen.«

Herr C: »Ja, das ist wirklich blöd. Denke das nächste Mal bitte daran.«

Hier stellt sich nun ein zweifacher Statusverlust der Frau ein: Der von ihr selbst initiierte und die nachträgliche Herabstufung durch ihr männliches Gegenüber. Für beide war dies »natürliche« Kommunikation. Die Außenwirkung im beruflichen Umfeld hingegen ist: Unsichere Frau trifft auf direktiven Mann.

Eine weitere Art des sich »Kleinredens« ist die übermäßige Verwendung von sogenannten »Abschwächern«. Darunter versteht man Füllwörter wie »eigentlich«, »vielleicht«, »ein wenig« oder auch die besonders in der Schweiz beliebten Verkleinerungsformen. »Ich fände es eigentlich eine gute Idee, wenn wir das so machen würden.«, »Ich leite ein kleines Team.« oder »Man könnte das ja vielleicht so angehen.« sind typische Beispiele. Die oft gleichzeitige Verwendung des Konjunktivs macht die Aussage noch ungefährer. In letzter Zeit fällt mir das von Frauen schon fast epidemisch verwendete Wörtchen »wie« (im Englischen wird häufig entsprechend »like« verwendet) auf. »Ich mache so etwas wie ein Projekt«, »Ich würde das mal so wie entscheiden« und ähnlich absurde Konstruktionen tauchen überall da auf, wo Frauen sich um konkrete Aussagen herumdrücken. Kürzlich habe ich auf der Straße zufällig gehört, wie eine Frau zur anderen sagte: »Weißt du, sie tut ihn jetzt so wie coachen.« Dieses »wie« hat nichts mehr mit der ursprünglich umschreibenden Bedeutung des Wortes zu tun, sondern kommt einer völligen Verwässerung des Gesagten gleich. Auch das Stellen von Fragen statt klare Aussagen oder Vorschläge zu machen gehört in diese Kategorie. Alles zusammengenommen hört man dann von Frauen zum Beispiel in Sitzungen so absurde Sätze wie: »Was würdet ihr davon halten, wenn wir so wie einen Bericht schreiben würden? Ich fände das eigentlich eine gute Idee.«

Frauen verkaufen auch ihre Leistungen anders als Männer. Indem sie diese herunterspielen, nehmen sie sich in ihrer Sprachwelt bewusst zurück, weil sie nicht als »Blufferinnen« wahrgenommen werden wollen. Im Falle einer guten Leistung sagen sie so etwas wie: »Die Umstände waren günstig, wir hatten richtig Glück, alle haben toll mitgeholfen.« Im Falle einer schlechten Leistung beziehen sie das Ergebnis auf ihr eigenes Versagen und sagen: »Da hätten wir uns mehr anstrengen müssen, ich habe zu spät realisiert, dass …« Männer tun hier oft das Gegenteil. Da sie sich eher kompetitiv verhalten, führen sie Erfolge auf ihren eigenen Beitrag, Misserfolge hingegen auf die misslichen Umstände zurück.

Bleiben also alle »unter sich« in ihrer Sprachwelt, gewinnt oder verliert niemand durch ihre, bzw. seine Art zu kommunizieren. Sobald sich die Sprachen hingegen mischen, stellen sich Frauen unbewusst als weniger kompetent dar.

Durch ein geschärftes Bewusstsein dafür, welche Sprache und welche kulturellen Codes das Gegenüber benutzt, vergrößert sich der Aktionsradius von beiden. Frauen können lernen, sich nicht unwissentlich herabzusetzen oder unsicher zu wirken. Männer können lernen, ihr Gegenüber nicht auf Grund sprachlicher Feinheiten zu unterschätzen und ihr eigenes Selbstmarketing ihrem Umfeld entsprechend anzupassen, um nicht als »Bluffer« wahrgenommen zu werden.

## Unter Frauen

### Die Königin – ein mächtiges Rollenmodell

*»Hinfallen – Aufstehen – Krone richten – Weitergehen«*

Frauen, die beruflich erfolgreich sein möchten, erhalten immer häufiger ganze Listen von Verhaltensempfehlungen und Taktiken, die sie beachten sollen, um sich zu behaupten und sich gegen ihre Konkurrenz durchzusetzen. Die Ratschläge orientieren sich an eher männlichen Strategien, sowohl verbaler als auch nonverbaler Art. Und sie wirken! Platz einnehmen, Redezeit beanspruchen, Status-symbole einsetzen, andere auch einmal unterbrechen, unbequeme Entscheide treffen und kommunizieren, von seinen Erfolgen sprechen, sich an den Kopf des Tisches setzen, usw.

Wenn Frauen solche Verhaltensweisen testen, stellen sie oft erstaunt fest, wie wirksam sie sind. Es ist meist überhaupt nicht notwendig, mit immer noch größerer Fachkompetenz zu glänzen und noch mehr Zeit in Detailarbeiten zu stecken, sondern die Lösung für den Erfolg liegt – natürlich ausreichendes Wissen und Können vorausgesetzt – vor allem in der Verpackung der Leistung, dem Auftreten und dem guten Netzwerk. Leider aber gewinnen erfolgreiche Frauen, wenn sie erwähnte Taktiken anwenden, nun im Gegensatz zu ihren männlichen Kollegen nicht nur Respekt und Anerkennung, sondern als Kehrseite der Medaille auch Neid, gehässige Bemerkungen und negative Attribute dazu. Sie seien hart, unsympathisch, »Karrierefrauen«, unflexibel, nicht teamfähig, zu wenig sozialkompetent … Sie werden gefürchtet, abgelehnt und nicht selten seitens ihrer weiblichen Kolleginnen ausgegrenzt. Verschiedene Studien, zum Beispiel die Howard-vs.-Heidi-Studie von Frank Flynn und Cameron Anderson (zitiert in Sandberg 2013), haben gezeigt, dass der exakt gleiche ambitionierte Lebenslauf ganz anders beurteilt wird, wenn vorgegeben wird, dass er zu einer Frau statt zu einem Mann gehört. Während der Mann als energisch, führungsstark und entschieden beschrieben wurde, wurde die Frau als kalt, unsympathisch und im negativen Sinne als karriereorientiert eingeschätzt.

Mit einer solchen Einschätzung haben viele Frauen Mühe, sind sie doch sozialisationsbedingt stärker als ihre männlichen Kollegen darauf angewiesen, als nett, freundlich und sympathisch wahrgenommen zu werden.

Wo liegt denn nun der Ausweg aus dem Dilemma? Was Frauen fehlt, sind positive Rollenmodelle. Sie möchten ja, um erfolgreich zu sein, nicht »Mann werden«, sondern ihre »Weiblichkeit« behalten dürfen. Was unter dieser »Weiblichkeit« verstanden wird, ist natürlich Teil eines gesellschaftlichen Konstrukts. Die Frauen, die mir in meinen Workshops und Coachings begegnen, verstehen darunter aber mehrheitlich dasselbe: Offenheit, Teamorientierung, Kreativität, Weichheit, »Mich selbst sein dürfen« sind die Merkmale dieser »Weiblichkeit«, die ich am häufigsten genannt erhalte. Gleichzeitig und ohne dass es ihnen bewusst ist, stehen den Frauen im beruflichen Kontext aber zu wenig starke Frauenbilder zur Verfügung. In einem meiner Workshops haben wir ausgetestet, welches Bild den Teilnehmerinnen spontan erscheint, wenn ich das Wort »CEO« sage. Ausnahmslos alle sahen einen Mann vor sich. Die Frau in einer Führungsposition bleibt also vorerst »Normabweichung«, wie die Soziologin Rastetter festhält. Der »weibliche Führungsstil«, zumindest vordergründig positiv verstanden, gerät hier zur Falle, da die Abweichung noch einmal verstärkt betont wird, und die Führungsfrauen in eine marginalisierte Ecke gedrängt werden.

Die vorhandenen weiblichen Vorbilder werden gemäß Rastetter noch einmal geschwächt, da ihnen Rollen, die dem Privatleben entliehen sind, aufgedrängt werden oder sie sich diese unbewusst sogar selbst nehmen. Je nach Alter und Status kann es beispielsweise die Rolle der Tochter, der Studentin, der netten Kollegin, der Verführerin oder der Mutter sein. Alle diese Rollen bergen Fallen: Tochter und Studentin werden nicht wirklich ernst genommen, die nette Kollegin erhält die Fleißaufgaben, die Verführerin fällt irgendwann tief und die Mutter kann sehr mächtig sein, bleibt aber immer höchstens die Nummer 2 im Machtgefüge. Im Gegensatz zu Frauen erleben Männer kaum familiäre oder andere private Rollenzuschreibungen im Beruf, allenfalls als »Patriarch« oder »Ziehsohn«, bzw. »Senior« und »Junior«, was aber problemlos in das offizielle Ranggefüge eingeordnet werden kann.

Die wirksamste Identifikationsfigur für eine Frau, die eine Machtposition anstrebt, ist meines Erachtens die der Königin. Sie ist von Grund auf mächtig – im Schach die stärkste Figur! – und gleichzeitig weiblich. Sie strahlt Würde und Ruhe aus, bedient sich selbstverständlich aller ihr zustehender Statussymbole und darf dabei, falls gewünscht, sogar elegant weiblich bleiben. Nonverbal beherrscht sie direkten Augenkontakt, eine aufrechte Haltung, schreitet und setzt klare Gesten ein. Sie hält körperlich Abstand, der Raum, der sie unmittelbar umgibt, gehört ihr ganz allein. Sie spricht eher langsam, setzt Pausen ein und hat aufgrund ihres Status keine Mühe, von ihrer Exzellenz, Erfahrung und ihren guten Verbindungen zu sprechen. Sie lächelt auch, aber im Gegensatz zur Prinzessin nicht aus Verlegenheit oder um zu gefallen, sondern gütig, gelegentlich auch einmal herablassend. Und sollte sie mal stürzen, so nimmt sie dies königinnengleich sportlich: Hinfallen – Aufstehen – Krone richten – Weitergehen!

## Konkurrenz und Solidarität

*Zickenalarm, Hühnerhof, Krabbenkorb, Bienenkönigin ...*

Berufliches Zusammenwirken von Frauen findet – so könnte man aufgrund der obigen Bezeichnungen annehmen – offenbar im Tierreich statt. Da wird gegackert statt gearbeitet, gekeift statt diskutiert, durcheinander gekrabbelt statt zielorientiert angesteuert, Konkurrentinnen werden ausgestochen oder zumindest gebissen (unter Stuten, versteht sich!).

Männer und auch Frauen selbst ziehen mit solch tierischen Bezeichnungen die Zusammenarbeit von Frauen gern ins Lächerliche. Davon gilt es sich abzugrenzen! Dennoch bleibt die schon fast tabuisierte Frage: Wo ist denn Zusammenarbeit zwischen Frauen effektiv schwierig? Was gibt es an spezieller Kommunikation und besonderen Machtspielen in Frauenteams oder in der Führung von Frauen, das sich von gemischten oder Männerteams unterscheidet? Ich wage es, dies hier einmal ganz offen anzusprechen.

Weshalb möchten Frauen, wie das einige Studien aufzeigen, mehrheitlich lieber für einen Chef als für eine Chefin arbeiten? Ist das Arbeiten unter Frauen effektiv unerfreulicher? In der Tat können Frauen sehr kompetitiv sein. Und sie sind dies in der Regel eher gegenüber ihren Geschlechtsgenossinnen. Hier spricht man vom Phänomen der »horizontalen Gewalt«: Ist eine Gruppe, seien dies Angehörige desselben Geschlechts, einer Nationalität oder einer gesellschaftlichen Schicht, benachteiligt, neigen deren Mitglieder eher dazu, gegeneinander in Konkurrenz zu gehen, statt sich mit den Mächtigen anzulegen. Sind in einer Firma beispielsweise die meisten höheren Führungsfunktionen in Männerhand, bewerben sich wesentlich weniger Frauen für offene Stellen in diesem Segment und die wenigen erfolgreichen Frauen verteidigen gleichsam die von ihnen als rar wahrgenommenen Positionen.
Solange eine Frau in einem reinen Männergremium den Status der »einzigen Frau« hat, muss sie sich zwar gleichzeitig anpassen

und durchsetzen, wird aber als Ausnahmeerscheinung auch eher geduldet oder gar geschätzt. Noch ist sie als »Einzige« keine echte Konkurrenz. Es scheint kein Zufall zu sein, dass in Bereichen, in denen nun plötzlich mehr Frauen in höhere Positionen aufsteigen, wieder mehr Gegenwind herrscht und der Konkurrenzdruck härter wird. Plötzlich scheint es etwas zu verteidigen zu geben, denn jede zusätzliche Frau in einem höheren Führungsgremium nimmt einem Mann den Platz weg. Da muss sich keine und keiner etwas vormachen. Und dies wiederum treibt die Konkurrenz unter Frauen weiter an. Kommt eine zweite Frau in ein Gremium, werden die beiden Frauen, da immer noch in erschlagender Minderzahl, weiterhin nicht in erster Linie als reine Mitglieder des Gremiums oder Fachspezialistinnen, sondern vor allem als »Frauen« wahrgenommen.

Ist nun eine von zwei Frauen ranghöher in einem Gremium, kann es vorkommen, dass die »rangtiefere« durch ihre scheinbare Ähnlichkeit mit der anderen Frau deren Status nach unten zieht. Davor muss sich die ranghöhere wiederum abgrenzen, was zu Unfrieden zwischen beiden führen kann. Um dem zu entgehen, sucht eine ehemalige Coachingkundin von mir vor wichtigen Sitzungen gern die Cafeteria auf, um dann auf anderem Weg als die Sekretärin zur Sitzung zu gelangen und so dem für sie ungünstigen Frauenduo zu entkommen. Erst ab der dritten Frau im selben Kreis scheint das Merkmal Geschlecht an Bedeutung zu verlieren und das Konkurrenz- oder Abgrenzungsverhalten unter den Frauen nimmt ab.

Frauen buhlen – Achtung: Riesentabu! – nicht selten auch noch untereinander um die Gunst der Männer. Und dabei droht ihnen der Hauptschauplatz in den von Männern dominierten Organisationen aus dem Blick zu geraten – die Machtspiele.

Um zu verstehen, in welcher Weise die Zusammenarbeit von Frauen unter diesen Umständen schwierig sein kann, aber letztendlich natürlich auch, wie sie erfolgreich gestaltet wird, lohnt es sich, einen Blick auf das Kommunikationsverhalten zu werfen: Tatsächlich kommunizieren Frauengruppen – auch im Berufsleben – anders als Männergruppen. Wie die Soziolinguistin Deborah Tannen zeigen konnte, sind Frauen eher darum bemüht, in ihrer Kommunikation mit anderen Beziehung herzustellen und Verbindung zu erhalten. Sie tun dies nicht zuletzt auch deshalb, weil ein Hauptbestandteil der Machtspiele unter Frauen der Ausschluss aus der Gruppe ist, und es gilt, durch einbeziehende Kommunikation zu demonstrieren, dass man genau dieses Spiel nicht spielt. Kommen nicht genügend positive und einbeziehende Signale an, herrscht sofort Verunsicherung bezüglich der Zugehörigkeit zur Gruppe. Die Ausschlussmechanismen orientieren sich übrigens an schon fast adoleszenten Spielchen: Verstummen, wenn eine nicht akzeptierte Frau den Raum betritt, Thema wechseln, die Augen verdrehen, herablassende Bemerkungen über Aussehen und Stil einer anderen machen. Frauen pflegen auch eher eine indirekte Kommunikation, was im günstigen Fall Respekt und Diskretion bedeutet und in ihrer hässlichen Ausprägung Lästern und heimliches Mokieren über andere meint. Ein weiteres Element dieser Kommunikation ist die Vermischung von Privatem und Geschäftlichem, was in Frauengruppen viel stärker zur Arbeitskultur gehört als unter männlichen Kollegen. Dies kann sich nun sehr positiv auf die Zusammenarbeit auswirken, birgt aber auch viele Gefahren.

So erwarten viele Frauen von ihren Arbeitskolleginnen, ja sogar von ihren Chefinnen, das Teilen von Geschichten aus dem Privatleben und tendieren zu freundschaftlichen oder gar familienähnlichen Arbeitsbeziehungen als »Schwestern, Mütter oder Töchter«. Entzieht sich eine Frau bewusst diesen Vereinnahmungen, wird sie schnell als kalt oder eingebildet abgestempelt. Frauen mit Führungsfunktionen geraten hier in eine Zwickmühle: Entweder sie sind zu nah und zu offen und büßen damit vor allem in den Augen der männlichen Mitarbeiter an Autorität ein, oder sie sind zu abgrenzend und werden von ihren weiblichen Mitarbeiterinnen deswegen kritisiert. Besonders viel Geschick und auch eine harte Haut brauchen Frauen, die aus einem Frauenteam heraus in eine Führungsposition aufsteigen. Kritisch wird beurteilt, ob sie immer noch »Kolleginnen« oder gar »Freundinnen« sind oder ob sie nun meinen, etwas »Besseres« zu sein. Mir ist beispielsweise schon zu Ohren gekommen, dass eine neue Führungskraft von ehemaligen Teamkolleginnen kritisiert wurde, weil sie jetzt als Chefin »meine, ein Einzelbüro haben zu müssen«. Was in einer hierarchischen Arbeitswelt ein offizielles Statussymbol ist, gerät unter Kolleginnen zum Affront. Es kommt leider auch nicht selten vor, dass Frauen für ihre Chefinnen mit weniger Selbstverständlichkeit prestigearme Arbeiten wie Kopieren oder Protokollschreiben verrichten, als sie dies für ihre männlichen Chefs tun, vom Kaffee bringen ganz zu Schweigen. Ein weiteres Phänomen weiblicher Machtspiele ist die persönliche Vereinnahmung von Frauen durch ihre Chefin. Sie haben einen Großteil ihrer Arbeitszeit mit Anhören von persönlichen und privaten Schwierigkeiten ihrer Chefin zu verbringen und werden in einzelnen mir bekannten Fällen auch in ihrer Freizeit, während der Nacht oder an den Wochenenden kontaktiert und sogar für nicht berufsbezogene Aufgaben wie Babysitten beansprucht.

Wie können nun Frauen in der Arbeitswelt ihre Form des Umgangs und der Kommunikation untereinander nutzen ohne sich gegenseitig zu behindern? Wie können sie scheinbare Nachteile in Vorteile und Erfolg verwandeln? Das Imitieren männlicher Kollegen-Beziehungen scheint für Frauen oft nicht zielführend und auch nicht sehr attraktiv zu sein.

Anne Litwin, amerikanische Forscherin und Autorin, schlägt eine Form der Arbeitsfreundschaft unter Frauen vor, die den Bereich zwischen unpersönlicher Zusammenarbeit und totaler Freundschaft bespielt, die sogenannte *workplace friendship*. Hier gelten folgende Regeln:

1. Rede mit deinen Arbeitsfreundinnen auch über persönliche Angelegenheiten, aber nur über positive oder »neutrale« Erlebnisse. Das Besprechen von persönlichen Problemen, etwa die schwierige Beziehung zur Mutter oder die Alkoholprobleme des Ehemannes, bleibt privaten engen Freundschaften, sogenannten *fullblown friendships* vorbehalten.
2. Lebe größtmögliche Rollenklarheit. Du kannst freundschaftliche Gespräche führen und trotzdem als Chefin oder Kollegin

Schwieriges ansprechen. Benenne im letzten Fall immer, aus welcher Rolle heraus du sprichst. Zum Beispiel: »Ich möchte dir etwas als deine Arbeitskollegin sagen« oder »Als deine Chefin ...«
3. Gehe mit deinen Kolleginnen in Konkurrenz um Positionen. Scheue aber gleichzeitig auch den Konkurrenzkampf mit deinen männlichen Kollegen nicht. Du darfst deine Karriere vor die Interessen deiner Mitbewerber und -bewerberinnen und auch vor die deiner Arbeitsfreundinnen stellen.

Das Zauberwort für gelingende Zusammenarbeit in oder die Führung von Frauenteams heißt »Klarheit«. Klarheit über das eigene Konkurrenzverhalten innerhalb der Organisation. Klarheit über die privaten und beruflichen Rollen. Klarheit in der direkten Kommunikation von Erwartungen und Einschätzungen. So gelingt es Frauen, selbstbewusst in Konkurrenz mit starken Frauen und Männern zu treten und zu lernen, sich über ihre Erfolge offen zu freuen. So sind Frauen frei und offen, andere Frauen in ihrer Karriere zu unterstützen und die Zahl der Führungsfrauen an der Spitze zu vermehren. Und damit einen weiteren Schritt in Richtung echte Gleichstellung von Männern und Frauen in der Berufswelt tun.

## Herausforderungen und Chancen für Führungsfrauen

*Und in dem Wie, da liegt der ganze Unterschied.*

HUGO VON HOFFMANNSTHAL

Frauen in Führungsfunktionen haben es nicht einfach. Zunächst ist es grundsätzlich höchst anspruchsvoll, eine gute Führungskraft zu sein, egal ob Mann oder Frau. Um wirklich gut führen zu können, was bedeutet durch Führung einen erheblichen Beitrag sowohl zu exzellenten Ergebnissen als auch zu Zufriedenheit, Engagement und Gesundheit der Mitarbeitenden zu leisten, braucht es eine stark fokussierte, selbstreflektierte und kommunikativ höchst versierte Persönlichkeit, die zudem auch noch in der Lage ist, die notwendigen Managementinstrumente effektiv einzusetzen. Untersuchungen, wie beispielsweise von H. Bruch und S. Ghoshal, zeigen, dass eine solche Führung in nur rund 10 Prozent der Fälle angetroffen werden kann.

Das gängige Bild des erfolgreichen Leaders und Managers ist stark von männlichen Stereotypen geprägt: Durchsetzungskraft, Entscheidungsfähigkeit, selbstsicherer Auftritt und Anführerverhalten werden durch oft postulierte Bilder wie die Führungskraft als »Kapitän«, »Trainer« oder »charismatisches Vorbild« noch verstärkt. Die Frau als Führungskraft ist die Ausnahme von der Regel, sowohl bildlich als auch immer noch in effektiven Zahlen. Ist sie erfolgreich, ist sie gemäß der Soziologin Rastetter eine »doppelte Abweichlerin«, das heißt keine typische Frau und eben auch keine typische Führungskraft. Gern wird von einem »weiblichen Führungsstil« gesprochen, werden die hervorragenden Softskills von Frauen betont, was sie wiederum von den Hardskills distanziert, die den typischen Führungsmann auszeichnen.

Werden Frauen dann auch noch aufgefordert, in der Führung ihre »weiblichen Qualitäten« einzubringen, kann das bereits nicht mehr nur Naivität sein, sondern ist in einigen Fällen gar geschicktes mikropolitisches Verhalten, um Führungsfrauen in der für sie bestimmten Ecke zu halten. Frauen erhalten denn auch viel eher Jobangebote für »typisch weibliche« Führungsfunktionen, beispielsweise in den

Human Resources, der Unternehmenskommunikation oder für machtlose, weil befugnislose Stabstellen in einem Direktionsstab oder im Qualitätsmanagement. Und sie nehmen diese auch noch gerne an, weil diese Funktionen politisch nicht so exponiert sind und nicht so viel Durchsetzungskraft erfordern.

Nun kommt eine weitere Ebene hinzu, die hauptsächlich Frauen in der Führung betrifft, nämlich die Dynamiken in Frauenteams und insbesondere das Führen letzterer. Frauen akzeptieren andere Frauen als Führungskräfte nämlich oft viel schlechter als sie Männern diese Rolle zugestehen. Sie erwarten von ihrer Chefin, dass sie »die Chefin nicht so heraushängen lässt«. Frauen erwarten von einander grundsätzlich mehr Gleichstellung und vertreten oft die Ansicht, es solle ja keine kommen und meinen, sie sei »etwas Besseres«. Phyllis Chesler beschreibt in *Woman's Inhumanity to Woman*«, dass Kundinnen von Anwältinnen oder Beraterinnen sogar erwarten, weniger Geld für ihre Leistungen zu verlangen, als sie das von Männern tun. Schließlich ist man unter Frauen solidarisch.

Führungsfrauen retten sich dann bewusst oder unbewusst entweder in eine stereotype Führungsrolle für Frauen und führen als »Mutter«, »beste Freundin« oder *Prima inter pares*. Oder sie tun das Gegenteil und imitieren den smarten Führungsmann und führen durch Härte, die jetzt aber wiederum von den unterstellten Frauen und Männern nicht so einfach hingenommen wird. Wo der Mann noch als durchsetzungsstark gilt, ist die Frau schon verbissen oder gar eine »Hexe«. Frauen üben gegenüber hierarchisch höheren Frauen oft gar eine Form des weiblichen Sexismus aus. Weil die ranghöhere eine Frau ist, muss sie anderen Frauen gegenüber freundlicher, zuwendender, verzeihender, kollegialer usw. sein.

Wie kann nun eine Führungsfrau gleichzeitig dem stereotypen männlichen Führungsbild, den Besonderheiten der »weiblichen Führungskraft« und den Ansprüchen ihrer Kolleginnen und Mitarbeiterinnen gerecht werden? Die Antwort darauf heißt leider: Gar nicht. Da wird ihr ein Spagat abverlangt, der nicht gelingen kann. Es ist ihr nur schwer möglich, ein durchgängig kohärentes Bild von sich als Führungskraft zu zeichnen, wie dies Männer fast problemlos tun können. Was sie sich erwerben und einsetzen muss, ist das, was Rastetter *inszenatorische Kompetenz* nennt. Dies bedeutet, dass sie sehr genau lesen und verstehen muss, auf welcher Bühne sie gerade spielt, und ihr Verhalten entsprechend adaptiert. Hier kommt ihr nun wieder der gegenwärtig besonders lautstark geforderte Anspruch auf Authentizität in die Quere. Frauen verstehen aber unter Authentizität sozialisationsbedingt oft etwas anderes als Männer. Sie denken, sie müssten sich mit so etwas wie ihrer »wahren Persönlichkeit« in der Arbeitswelt bewegen und verkennen, dass gerade dort immer in Rollen gehandelt wird. Die Rolle der Führungsperson ist nun einmal eine andere als die einer Privatperson und Führung ist nur dann professionell, wenn dieser Rolle auch nachgekommen wird. Authentizität in der Führung meint meiner Ansicht nach, sich nicht gekünstelt oder seiner Persönlichkeit diametral entgegengesetzt zu verhalten, aber dennoch nicht das Private zu stark mit dem Beruflichen zu vermischen.

Während ich im Kapitel »Konkurrenz und Solidarität« insbesondere auf typische Fallen und Schwierigkeiten beim Führen von Frauenteams durch Frauen, wie beispielsweise Konkurrenz, Arbeitsfreundschaften oder Rollenzuweisungen hingewiesen habe, ist es mir an dieser Stelle ein Anliegen, Potential und die Stärken von Führungsfrauen und Frauenteams hervorzuheben. Carolyn Duff und Barbara Cohen haben in *When Women Work Together* solche Stärken beschrieben und dazu auch gleich Best-practice-Ansätze vorgeschlagen, welche sich größtenteils mit meinen Beobachtungen aus Coaching und Beratung decken.

Voraussetzung dafür, Stärken von Frauenteams effektiv nutzen zu können, ist die Bereitschaft der Führungsfrau aus der Komfortzone herauszukommen. Es reicht nicht, Mitarbeitenden Anteilnahme, Verbindung oder Kooperation anzubieten. Die Führungsrolle muss gleichzeitig in ihrer Gänze wahrgenommen werden, was bedingt, dass man auch Unangenehmes tun muss, wie beispielsweise klare Forderungen nach Leistung und Verhalten zu stellen oder in Konfrontation zu gehen. Als Führungskraft kann man nicht nur geliebt und geschätzt werden.

Gute Arbeitsbeziehungen tragen bedeutend zur Arbeitszufriedenheit bei. Es gibt verschiedene Studien, die belegen, dass Frauen unter den wichtigsten Zufriedenheitsfaktoren Beziehungen unter Kollegen und Kolleginnen nennen, während dies bei Männern nicht der Fall ist. Sowohl Männer als auch Frauen führen Faktoren wie Entwicklungsmöglichkeiten, Herausforderung und Lohn als weitere wichtige Elemente an. Frauen ziehen im Gegensatz zu ihren männlichen Kollegen in ihren Arbeitsbeziehungen zudem netzwerkartige, möglichst gleichberechtigte Strukturen einer stark hierarchischen Ordnung vor. Sie sind damit den neuen, agilen Arbeitsformen, wie sie Laloux oder Kegan und Laskow Lahey (*Deliberately Developmental Organizations*) vorschlagen, näher und werden wohl künftig in solchen Organisationen eine entscheidende Rolle spielen.

Wie Deborah Tannen in ihrer Forschung über Sprache in der beruflichen Zusammenarbeit zeigen konnte, stellen Frauen in ihrer Kommunikation die Beziehung zu anderen und den Aufbau von egalitären Teams in den Vordergrund. Ihre Sprache ist beziehungsbildend und -erhaltend und zielt im Konfliktfall aber auch vermehrt auf den Abbruch dieser Beziehungen und persönliche Angriffe ab.

Dieser Fokus auf Arbeitsbeziehungen kann für das Verfolgen von Karriereplänen von Nachteil sein, weil diese bedeuten können, dass man gute Kolleginnen hinter sich lassen oder gar in direkte Konkurrenz zu ihnen treten muss. Duff und Cohen betonen, dass in Frauenteams immer ein gewisses Potential existiert, Beziehungsthemen über den eigentlichen Arbeitszweck zu stellen. Welche Aufgaben und *best practices* lassen sich denn nun für Führungsfrauen aus diesen Voraussetzungen ableiten, so dass das Beziehungspotential in Frauenteams konstruktiv genutzt und deren Stärken gegenüber statusorientierten Männerteams verwertet werden können?

- Sich die Zeit nehmen, Mitarbeiterinnen gut kennenzulernen und eine persönliche Beziehung aufzubauen, ohne dabei die professionelle Führungsebene zu verlassen.
- Eigene Karrierechancen nutzen und gleichzeitig Mitarbeiterinnen

in ihrer Karriere unterstützen. Fördern einer Kultur des Offenlegens und Feierns von Erfolgen im Team.
- Teamkonflikte und persönliche Angriffe gegen einzelne Teammitglieder konsequent angehen.

## Anteilnahme zeigen

Frauen nehmen in der Regel Befinden und Emotionen ihrer Kolleginnen und Kollegen stärker wahr als Männer. Sie sprechen ihnen auch eine größere Bedeutung zu. Fragen oder Feststellungen wie »Du siehst müde aus, wie geht es dir?« oder »Kommst du mit der neuen Aufgabe klar?« gehören zur Tagesordnung und dürfen auch deshalb gestellt werden, weil unter Frauen damit kein Statusverlust verbunden ist. Frauen sind eher bereit, auf Themen der Work-Life-Balance einzugehen und einander gegenseitig zu unterstützen oder zu vertreten. Solche Anteilnahme verstärkt die Beziehungen zu anderen Frauen und fördert Wohlbefinden und Wertschätzung in Teams. Frauen hören ihren Kollegen und Kolleginnen eher zu, wenn diese von Problemen erzählen, während Männer sehr schnell mit Ratschlägen zur Hand sind. Wenn Einfühlungsvermögen und Zeit für persönliche Gespräche fehlen, fühlen sich viele Frauen in Arbeitsteams nicht wohl. Nehmen sie aber überhand, wird dies auch einigen Frauen zu viel. Sie möchten in erster Linie arbeiten und ihre Ziele erreichen und dabei ihre persönlichen Themen außerhalb des Arbeitsplatzes behandeln.

Die Fähigkeit zuzuhören und zu unterstützen ist ein wesentlicher Erfolgsfaktor in der Führung. Menschlichkeit und Anteilnahme zeigen ist beispielsweise laut Bob Sutton (2010) gar die effektivste Führungsqualität überhaupt, wobei er die Anteilnahme in erster Linie in Bezug auf Arbeitsthemen und nicht auf das Privatleben versteht. Auch bei der Anteilnahme gibt es aber ein Zuviel des Guten. Wird Empathie, also das Sich-Hineinfühlen in andere, mit Sympathie, die bereits die bedingungslos positive Einstellung zu und das Einverständnis mit dem Gegenüber meint, verwechselt, besteht die Gefahr, aus der professionellen Führungsrolle herauszufallen. Wie ist nun der stimmige Umgang mit der Ressource der Anteilnahme?

- Gefühle und Selbstwert anderer wahrnehmen, Mitarbeitende respektieren und ihnen gut zuhören.
- Sich nicht in persönliche Themen einmischen, wenn dies nicht erwünscht ist, und im Team jegliches übergriffige Verhalten unterbinden.
- Klarmachen, dass man sich als Führungsperson nicht jederzeit um alle Anliegen von Mitarbeitenden kümmern kann, und sich selbst von zu hohen Ansprüchen und Forderungen klar abgrenzen.
- Sich um Mitarbeitende kümmern, was auch bedeutet, ehrliches und konstruktives Feedback zu geben. Hier muss die Komfortzone verlassen werden.

### Raum schaffen für Kompetenz

Frauen stellen fachliche Kompetenz in der Regel vor machtpolitische Aktivitäten. Sie haben in ihrer Ausbildung gelernt, erfolgreich durch inhaltliche Leistung zu sein. An einem gewissen Punkt in ihrer Karriere müssen sie aber akzeptieren und lernen, auch das politische Parkett zu bespielen und sich und ihre Fachkompetenz entsprechend zu verkaufen. Dies vorausgesetzt, bleibt inhaltliche Kompetenz selbstverständlich eine große Stärke. Insbesondere wenn sich Frauen gegenseitig Kompetenz zusprechen und wertschätzen, können quasi fachliche Komfortzonen geschaffen werden, in denen dem Anspruch nach Inhalt vor Verpackung nachgelebt werden kann. Wie können nun Führungsfrauen eine kompetenzorientierte Kultur unterstützen, ohne den Blick auf den karriereorientierten Einsatz des Fachwissens aus den Augen zu verlieren?

- Ihre eigene Kompetenz und die ihrer Mitarbeiterinnen und Kolleginnen öffentlich wertschätzen und betonen, und dies mit einer gewissen Penetranz. Auch die Fähigkeiten einzelner Teammitglieder hervorheben. Es ist nicht immer geschickt, die Teamleistung aller in den Vordergrund zu stellen und nur von »wir« zu sprechen.

- Mitarbeiterinnen in der Risikobereitschaft, mit ihren Kompetenzen hinauszugehen und die Komfortzone zu verlassen, unterstützen. Das können öffentliche Vorträge, Publikationen oder die Übernahme eines wichtigen Projekts sein. Die Arbeiten ihrer Mitarbeiterinnen frühzeitig für »gut genug« erklären, weil fachlicher und formaler Perfektionismus auch hinderlich für eine Karriere sein kann.
- Sich Nischenthemen suchen, in denen man als einzige zur Fachexpertin werden kann. Die Themen müssen natürlich relevant und interessant sein. Dadurch wird es möglich, fachlich aus dem Schatten seiner Vorgesetzten, Kolleginnen und Kollegen herauszutreten und sich zu profilieren.
- Einen *Selbstmarketing-Club* gründen. Dies ist ein Vorschlag von Sheryl Sandberg, COO von Facebook, die sich regelmäßig mit anderen erfolgreichen Kolleginnen zu Treffen verabredet, an denen sich alle ihre neusten Erfolge erzählen. Diese werden dann von den jeweils anderen weiterverbreitet. Mit dieser Methode können Frauen ihre eigenen Errungenschaften publik machen, ohne selbst ein zu offensives Selbstmarketing betreiben zu müssen.

### Kooperation als Wettbewerbsvorteil

Da Frauen egalitäre Arbeitsbeziehungen hierarchischen Strukturen in der Regel vorziehen, fällt ihnen auch echte Kooperation mit anderen leichter. Echte Kooperation bedeutet, eigene Beiträge an ein Team zu leisten und auch Beiträge anderer Teammitglieder zu respektieren. Dies heißt aber nicht, dass alle Beiträge gleich bewertet oder akzeptiert werden müssen. Kooperation hat große Vorteile, da durch sie mehr Personen in Ideenfindungs- und Entscheidungsprozesse einbezogen werden, was wiederum zu Kreativität, Innovation und erhöhter Akzeptanz von Entscheidungen führt. Kreative und gleichzeitig exzellente Ideen können aber nur dann entstehen, wenn man unter Kooperation nicht Gleichmacherei dem Teamfrieden zuliebe versteht. Wenn Vorschläge einzelner nicht besser sein dürfen als die anderer Mitglieder, wird lediglich Durchschnitt produziert. Auch Einbezug in Entscheidungsprozesse meint nicht immer, dass alle mitentscheiden dürfen, sondern manchmal einfach, dass die Meinungen aller angehört werden. Die abschließende Entscheidung kann und muss in vielen Fällen bei der Führungsperson bleiben. Wichtig dabei ist, dass dies auch transparent gemacht wird und nicht fälschlicherweise der Eindruck entsteht, dass es sich um einen basisdemokratischen Entscheidungsprozess handelt. Sollen die kooperativen Stärken eines Frauenteams bestmöglich genutzt werden, ist es Aufgabe der Führungskraft, die Balance zwischen Einbezug aller Mitglieder und deren Ideen einerseits und den Ziel- und Zeitvorgaben und Qualitätsstandards andererseits zu halten.

- Mitbeteiligung und Engagement aller Teammitglieder fördern, aber gleichzeitig Exzellenz nicht konfliktvermeidender Gleichmacherei unterordnen.
- Entscheidungsverfahren und -kompetenzen transparent kommunizieren und die Zeitfenster des Anhörens aller und der Meinungsfindung klar begrenzen.
- Sich in Moderationstechnik weiterbilden oder in schwierigen Fällen eine externe Moderation hinzuziehen.
- Von den Mitarbeiterinnen aktive Teilnahme und inhaltliche Beiträge einfordern. Damit können diese auf wichtige und herausfordernde Situationen außerhalb des Teams vorbereitet werden, zum Beispiel auf die Teilnahme an externen Sitzungen, in denen sie sich exponieren müssen. Gleichzeitig gilt es zu respektieren, dass nicht alle Teammitglieder im gleichen Maß fähig und bereit sind, vor anderen zu sprechen und eigene Beiträge zu leisten.

Die Neigung von Frauenteams, Verbindung, Anteilnahme, Fachkompetenz und Kooperation eine besonders hohe Bedeutung zu verleihen, ist dann eine Stärke dieser Teams und der einzelnen Frauen, wenn kluge und wachsame Führungsfrauen es verstehen, ihre Komfortzone zu verlassen und diese für Frauenteams typischen

Präferenzen für eine verbindende und personenorientierte Zusammenarbeit in gute Bahnen zu lenken. Die Stärken von Frauenteams können so zum Wettbewerbsvorteil werden.

# TEIL 2: TRICKS UND TAKTIKEN

# Reden

## Sag mal was!

*Reden lernt man nur durch reden.*

MARCUS TULLIO CICERO

Studien zeigen, dass Frauen bei einer Überzahl an Männern in Sitzungen, Workshops und anderen offiziellen und öffentlichen Kontexten nur ca. 25 % der Redezeit beanspruchen, die sie in reinen Frauengruppen nutzen. Ein Grund mag darin liegen, dass Frauen mit Redebeiträgen meist so lange warten, bis sie sicher sind, etwas inhaltlich Wesentliches beitragen zu können. Zudem fürchten sie sich übermäßig davor, etwas Falsches oder Lächerliches zu sagen. Vielleicht trägt auch dazu bei, dass bei einer Überzahl von männlichen Chefs in den Führungsetagen Frauen unbewusst denken, ein anwesender Mann habe automatisch eine höhere Position inne, und sich deshalb zurücknehmen. Schließlich gibt es, wie kürzlich im *Spiegel* erwähnt, in deutschen Vorständen mehr Menschen, die Thomas oder Michael heißen, als Frauen.

Eine so geringe Redezeit von Frauen, wenn sie in der Minderheit sind, ist bedenklich genug, aber in einem meiner letzten Workshops wurde dieses Phänomen noch einmal um Längen übertroffen:

Da saßen 20 Frauen und 5 Männer, alle mit Kaderfunktionen, alle freiwillig und äußerst interessiert dabei, und die Frauen schwiegen während vier Stunden fast ausschließlich. Meine Workshops sind immer sehr interaktiv und normalerweise von angeregten Diskussionen geprägt. Dies war auch an diesem Tag der Fall, nur kamen beinahe alle Redebeiträge und Fragen von den fünf Männern. Dies war umso auffälliger, als noch im letzten Workshop in derselben Institution, an dem ausschließlich Frauen teilnahmen, die Mehrzahl der Frauen sich aktiv beteiligte. Gegen Ende der gemischten Veranstaltung konnte ich nun nicht umhin, die Sache anzusprechen. Ich fragte: »Was ist hier eigentlich los, weshalb sagt ihr Frauen nichts?« Betretenes Schweigen, viele zu Boden schauend. Wieder sprachlos. Dann schon fast entschuldigende Reaktionen der Männer. War ihr Verhalten unangemessen? Obwohl es Veranstaltungen gibt, in denen Männer rücksichtslos den meisten Raum einnehmen und gelegentlich mehr provozieren als Inhaltliches beitragen, war dies hier nicht der Fall. Die Männer hatten sich sehr konstruktiv und engagiert eingebracht, genauso wie ich dies von den Frauen eigentlich auch erwartet hätte. Das Problem lag hier eindeutig auf Seiten der Frauen.

Nun könnte man die Frauen bedauern, aber hilft das irgendwie weiter? Wie wäre es mit etwas Herausforderung? Frauen, sagt doch endlich mal etwas, egal was! Ihr seid angestellt und auch dafür bezahlt, euch zu äußern. Man hat eure klugen Köpfe nicht engagiert, damit ihr schweigt in Sitzungen! Euer Wissen ist gefragt. Wenn eine Frau in einer Sitzung durchgehend schweigt, denkt leider niemand darüber nach, was ihr wohl gerade Interessantes durch den Kopf gehen mochte. Nein, in diesem Moment existiert sie schlicht nicht.

Ist es nur an den schweigenden Frauen allein, hier einen Schritt zu machen? Ganz so einfach ist es nicht, denn auch Chefs und auch Chefinnen sind in der Pflicht, ihre schweigenden Sitzungsteilnehmerinnen anzusprechen: »Was meinst du denn dazu?« »Du bist doch Expertin auf dem Gebiet, wie siehst du das?« Menschen, die etwas wissen, es aber nicht zu sagen trauen, sieht man dies nämlich sehr leicht an. Sie setzen immer wieder kurz zum Reden an, heben zögerlich etwas die Hand, nur um sie gleich wieder sinken zu lassen. An diesem Punkt kann der oder die Vorgesetzte einhaken. Und vielleicht braucht es auch einmal ein Gespräch unter vier Augen, in dem die Betroffene darauf hingewiesen wird, dass sie nicht für ihr Schweigen bezahlt wird. Ist dies nun zu bevormundendes Verhalten der vorgesetzten Person? Ich denke nicht. Es ist schlicht Führungsarbeit.

Und für stumme Frauen hier noch zwei Tipps:

- Wer sich in den ersten zwanzig Minuten nicht mündlich einbringt, neigt dazu, für den Rest der Veranstaltung zu schweigen. Deshalb lohnt es sich, sich zu überwinden und innerhalb dieser Zeit etwas zu sagen. Irgendetwas.
- Und für Fortgeschrittene: Wenn andere pausenlos reden, bitte nicht die Hand heben, dies ist keine Schulstunde. Besser ist Hineinreden oder auf eine Atempause der Redenden warten und dann sofort einhaken.

So geht das!

## Schlagfertig oder erwiderungsfertig?

*Schlagfertigkeit ist etwas, worauf du
erst 24 Stunden später kommst.*

Marc Twain

Sowohl im privaten wie auch im beruflichen Kontext sind Frauen immer wieder mit dummen Sprüchen oder gar starken verbalen Angriffen konfrontiert. Wie können sie sich besser verteidigen und ungerechtfertigte Kritik von unfreundlichen Personen abwehren? Dieses Thema ist ein Dauerbrenner in meinen Seminaren. Gefragt sind wirksame Taktiken, die jederzeit anwendbar sind. Bevor diese aber eingesetzt werden können, bedarf es einer bestimmten inneren Haltung:

Zunächst einmal muss man sich selbst die Erlaubnis geben zu entscheiden, was man von anderen Menschen entgegennimmt und was nicht. Es geht aber nicht nur um das Was. Es ist nämlich durchaus auch erlaubt zu entscheiden, wessen Kritik man annimmt und wessen nicht. Ist die Kritikerin oder der Kritiker einem grundsätzlich gutgesinnt und respektiert einen, wählt man im Einzelfall, ob man sich auf die konkrete Kritik einlassen will oder nicht. In allen anderen Fällen steht dem Gegenüber ohnehin kein Recht auf Kritik zu. Selbst bei sogenanntem oder echt konstruktivem Feedback bleibt die Entscheidung, was davon für einen nützlich und annehmbar ist, immer auf der Seite der Empfängerin oder des Empfängers. Dieser wesentliche Punkt wird bei der Vermittlung von Feedbacktechniken und -haltung in Führungskursen oft vergessen.

Es ist auch hilfreich zu verstehen, dass es unterschiedliche innere Reaktionen auf das Verhalten anderer gibt und dass man auch da eine gewisse Wahlfreiheit hat, bzw. sich ein anderes Interpretationsschema als das bisher automatisch genutzte aneignen kann. Dem insbesondere für seine *Theorie der erlernten Hilflosigkeit* bekannten amerikanischen Psychologen Martin Seligman zufolge können

Menschen negative Erlebnisse zu ihrem eigenen Nachteil im folgenden *Attributionsstil* bewerten:

- *Intern*: Sie sehen das Problem in sich selbst und nicht in den äußeren Umständen oder eben auch nicht im Verhalten einer anderen Person.
- *Stabil*: Sie halten das Problem für unveränderlich.
- *Generell*: Sie sehen das Problem als allgegenwärtig und nicht auf die jeweilige Situation begrenzt.

Ein Beispiel dafür könnte folgendes sein: Der Kollege sagt zur Kollegin: »Das finde ich jetzt oberflächlich formuliert.« Interpretiert die Kollegin dies nun im Stil der erlernten Hilflosigkeit, denkt sie sich: »Das stimmt, ich kann nicht gut formulieren, das war schon immer so und ich werde es auch nicht lernen. In jedem Text sind meine Formulierungen oberflächlich.«

Wer das kritische oder sogar aggressive Verhalten im oben beschriebenen *Attributionsstil* bewertet, sieht die Schuld am Ereignis bei sich und hat das Gefühl nie mehr aus dieser Situation herauszukommen: »Immer trifft es mich«, »Ich kann mich einfach nicht angemessen verhalten oder die geforderte Leistung erbringen« und ähnliche Gedanken und Gefühle beherrschen einen dann. Schafft man es hingegen bei ungerechtfertigter Kritik oder Angriffen den Spieß innerlich umzudrehen, denkt man sich vielleicht: »Was ist denn mit dem los?« »Hat er einen schlechten Tag?« »Mit unfairen und unfreundlichen Menschen muss ich mich nicht abgeben.«

Wenn man hier nun nicht nur gedanklich, sondern auch verbal reagieren möchte, wäre man nur allzu gerne schlagfertig und hätte eine passende Antwort zur Hand. Typischerweise kommt einem diese oft Stunden später, auf dem Heimweg oder unter der Dusche, in den Sinn. Das ist ärgerlich. Aber, sollte einem doch einmal rechtzeitig eine treffende Antwort einfallen, wäre eine solche überhaupt wirksam?

Ob Schlagfertigkeit den gewünschten Effekt erzeugt, hat sehr viel mit dem Tonfall zu tun, dessen man sich in diesem Moment bedient. Wirkt man beleidigt oder schnippisch, macht es die ganze Sache nur schlimmer und den durch den verbalen Angriff erlittene Statusverlust noch größer. Das Gegenüber weiß nun, dass es ins Schwarze getroffen hat. Ideal wäre also eine spontane Antwort in einem authentisch überlegenen Ton. Aber wer hat das schon drauf?

Hier die gute Nachricht: Es braucht gar nicht so viel, um sich effektiv zu wehren und den Statusverlust wiedergutzumachen. Es gibt zwei alternative Spielarten, die funktionieren und keine geistreichen Einfälle vor Ort voraussetzen.

Die erste Variante ist die nonverbale Antwort. Das kann ein bedrohliches In-die-Augen-Schauen sein oder ein kleiner Klaps auf die Schultern des Gegenübers. Damit dies funktioniert, müssen aber zwei Bedingungen erfüllt sein: Die angreifende Person sollte besser nicht der oder die Vorgesetzte sein, und es braucht in diesem Moment ausreichend Mut. Sind diese Bedingungen erfüllt, ist eine nonverbale Reaktion um vieles stärker als eine verbale Erwiderung.

Bei der zweiten Variante geht es nicht darum schlagfertig zu sein, sondern eher erwiderungsfertig. Worin besteht der Unterschied? Rhetorikspezialist Matthias Pöhm hat den Begriff der Erwiderungsfertigkeit geprägt. Diese setzt keinen schlauen und originellen Inhalt voraus, sondern ist, obwohl verbal, beinahe so etwas wie eine körperliche Abwehr. Der Angriff wird entschieden zurückgewiesen und dabei eine der folgenden Techniken verwendet:

*Die rigorose Zurückweisung*

Hier geht es darum, den Angriff oder Vorwurf des Gegenübers schlicht zurückzuweisen. Dieser oder diese verfügt nämlich nicht über die alleinige Deutungshoheit:

Angreifer: »Da haben Sie aber schludrig gearbeitet!«

Ich: »Das stimmt nicht, ich arbeite immer sorgfältig.«

*Zurückfragen und bestreiten*

Angreifer: »Sie sind nicht teamfähig!«

Ich: »Denken Sie? Das sehe ich ganz anders.«

*Kritik ignorieren*

Angreiferin: »Sind Sie immer noch nicht fertig mit dem Bericht?«

Ich: »Ich schreibe den Bericht heute Nachmittag.«

Es fällt auf, dass bei diesen Beispielen nie eine Rechtfertigung erfolgt. Das Wort »weil« kommt überhaupt nicht vor. Dies ist wichtig, weil eine Rechtfertigung oder eine Entschuldigung den eigenen Status erneut senken würde (siehe auch Kapitel »Sprachrituale«). Man sagt lediglich, was ist oder was nicht ist oder wie man weiter vorzugehen gedenkt. Kommt es nun vor, dass das Gegenüber hartnäckig ist, also beispielsweise wiederholt: »Doch, das war schludrig!«, wiederholt man ruhig den gleichen Satz: »Ich arbeite immer sorgfältig.« Normalerweise verstummt der Kritiker oder die Kritikerin spätestens an dieser Stelle.

Eine wichtige Ausnahme ist hier zu erwähnen: Geht es bei der Kritik um heikle, allenfalls lebensbedrohliche Situationen, wie dies beispielsweise in Spitälern der Fall sein kann, oder ist die Kritik ganz objektiv überprüfbar – wenn zum Beispiel eine Menge Rechtschreibfehler nachgewiesen wird –, muss man die Kritik natürlich entgegennehmen und sich entsprechend verbessern. Dennoch bedarf es auch hier keiner Rechtfertigung, sondern die Antwort auf die Kritik lautet dann zum Beispiel: »Du hast recht, das werde ich sofort korrigieren oder künftig anders machen.« Geschickte Machtspieler und -spielerinnen bringen an dieser Stelle oft auch noch ihr Team ins Spiel, um sich durch den Status ihrer Führungsposition als tatkräftig und verantwortungsbewusst darzustellen. Die Antwort auf die Kritik lautet dann in etwa so: »Vielen Dank für den Hinweis, ich sehe, dass das so nicht richtig ist. Ich werde dies mit meinem Team klären und veranlassen, dass so etwas nicht mehr vorkommt.« Dies funktioniert natürlich nur, wenn das Team effektiv in den Fehler involviert ist und darf nicht dazu führen, dass man seine Mitarbeitenden eigenes Versagen ausbaden lässt!

Wenn es sich nun aber um noch heftigere Angriffe wie die oben erwähnten handelt und der Angreifer oder die Angreiferin jeglichen Anstand verliert, Schimpfwörter benutzt oder einen anbrüllt, kann man nach Pöhm folgendes tun: Hat man bis dahin auf einem Stuhl gesessen, erhebt man sich nun und geht einen langsamen Schritt auf den Angreifer oder die Angreiferin zu. Man schaut dem Gegenüber in die Augen und sagt bestimmt »So nicht!«. Dann setzt man sich wieder. Dieses Vorgehen darf nun auch bei Vorgesetzten, die übergriffig sind, angewendet werden.

In solch schwierigen Situationen gibt es zudem noch einen kleinen Trick, den man einsetzen kann, wenn man sich vor dem Gegenüber fürchtet, aber dennoch standhaft wirken möchte: Fixiert man mit den Augen die Nasenspitze der anderen Person, so hat diese den Eindruck, man würde ihm oder ihr selbstbewusst in die Augen schauen. Man selbst hingegen ist nicht gezwungen, dem unangenehmen oder unfreundlichen Blick zu begegnen.

## Abgrenzen

### Auf- und Seitwärtsdelegation abwehren

> *Ich arbeite nach dem Prinzip,*
> *dass man niemals etwas selbst tun soll,*
> *was jemand anderes für einen erledigen kann.*
>
> John Davison Rockefeller

Ein beliebtes Spiel in hierarchischen Organisationen ist das »Affenspiel« oder »Monkey Business«. Bei diesem Spiel geht es darum, Aufgaben möglichst von unten nach oben zu delegieren. Führungskräfte sehen sich dabei mit der Tatsache konfrontiert, dass Aufgaben, mit denen sie ursprünglich ihre Mitarbeitenden beauftragt haben, wieder auf ihrem Schreibtisch landen. Dies kann in einzelnen Fällen daran liegen, dass sie falsch delegiert, bzw. ihre Mitarbeitenden überfordert haben. Oft aber ist dies lediglich Teil des Affenspiels.

1974 bereits haben Oncken und Wass dieses Phänomen in einem der bis heute am häufigsten gelesenen Artikel in der Harvard Business Review beschrieben und folgenden Mechanismus identifiziert:

Führungskräfte verfügen über drei Arten von Zeit: *boss-imposed*, also vom Chef oder der Chefin oder durch den Anstellungsvertrag bestimmte Zeit, *system-imposed*, von Systemanforderungen bestimmte Zeit, und *self-imposed*, selbstbestimmte Zeit. In den letzten Jahren ist die systembestimmte Zeit gewachsen, was den selbstbestimmten Teil verkleinert hat und zudem in Konkurrenz zum Kerngeschäft, also zum eigentlichen Arbeitsauftrag, steht. Erledigt eine Führungskraft ihre chefbestimmten Aufgaben ungenügend, hat sie mit starken Reaktionen, teilweise Sanktionen, zu rechnen, bei der Vernachlässigung von systembedingten Aufgaben, zum Beispiel Qualitätsmanagement oder Zeiterfassung, fällt die Reaktion etwas milder aus. Wo steckt denn nun der flexible Gestaltungsraum? Natürlich in der selbstbestimmten Zeit, wobei diese auch noch einmal zu unterteilen ist in sogenannte »Mitarbeitenden-Zeit«

und in »diskrete Zeit«. Mit »Mitarbeitenden-Zeit« ist hier die Zeit gemeint, in der die Führungskraft sich mit den Arbeiten herumschlägt, die sie ursprünglich delegiert hatte. Die »diskrete Zeit« ist der Rest der Zeit, den niemand kontrolliert und der strategisch zur persönlichen Entwicklung und zur konkreten Einflussnahme auf die Organisation verwendet werden kann. Die Preisfrage lautet nun: Wie kann eine Führungskraft mehr »diskrete Zeit« gewinnen? Natürlich nur durch Verkleinerung der »Mitarbeitenden-Zeit«, das heißt durch die Reduktion der Delegation von unten. Was sind denn nun die Affen?

Oncken und Wass benutzen die Metapher »Affe« für die an den Mitarbeitenden delegierte Aufgabe. Begegnet die Führungskraft nun zufällig einem Mitarbeitenden, sagt dieser etwas in der Art von »Hallo Chefin, gut, dass ich Sie treffe. Wir haben ein Problem!« Der Mitarbeitende trägt dabei den Affen auf der Schulter und verfolgt nun das Ziel, diesen bei der Begegnung an die Chefin abzugeben. Mit einem »Könnten Sie sich das mal anschauen?« oder »Das müssten eigentlich Sie entscheiden.« wird der Affe übergeben und die beiden trennen sich, nun die Chefin mit dem Affen auf der Schulter. Da die Chefin viele Mitarbeitende und diese wiederum mehrere Affen haben, steigt die Affenpopulation im Büro der Chefin stetig. Anders als 1974 kommen heute auch noch etliche »Mailaffen« hinzu, die als Attachments weitergereicht werden.

Mit der Übergabe des Affen wechselt gleichzeitig auch das Monitoring des Arbeitsfortschritts und die Mitarbeitenden fragen gelegentlich bei der Führungskraft nach, wie es denn nun um den Affen stehe. Sie werden in einem gewissen Sinn zu Vorgesetzten der Führungskraft. Durch häufige Rückdelegation von Aufgaben von Mitarbeitenden an die Führungskraft verliert diese mehr und mehr ihrer »diskreten Zeit« und damit ihren Einfluss und ihre Gestaltungsmöglichkeit in der Organisation.

Grundsätzlich gilt nun, dass Affen genauso gut im Büro der Mitarbeitenden schlafen wie im Büro der Vorgesetzten. Sie müssen aber von Zeit zu Zeit gemeinsam durch den Mitarbeitenden und die Führungskraft »gefüttert« werden. Damit ist die speditive Bearbeitung der Aufgabe im Rahmen einer bilateralen Sitzung gemeint.

Um die Rückdelegation von Aufgaben erfolgreich zu verhindern, kommen folgende Regeln zur Anwendung:

1. Affen werden gefüttert oder geschossen.
2. Die Affenpopulation bleibt unter der Zahl, die eine Führungskraft maximal füttern kann.
3. Affen werden nur zu vereinbarten Zeiten gefüttert (max. 15 Minuten pro Fütterung).
4. Affen werden immer *face to face* oder am Telefon gefüttert.
5. Affen haben immer eine nächste vereinbarte Fütterungszeit.

Was können Führungsfrauen aus der Affengeschichte lernen? Weshalb ist dieser Mechanismus für sie besonders wichtig? Meiner eigenen Erfahrung nach und Schilderungen einzelner »Affensituationen« von Frauen in meinen Workshops und Coachings zufolge neigen Frauen mehr als ihre männlichen Kollegen dazu, auf folgende Delegationsstrategien ihrer Mitarbeitenden hereinzufallen: Erstens sprechen sie bedingt durch Sozialisation und stereotype Rollenerwartungen stark auf Hilferufe an. Zweitens sind sie anfälliger für die Übernahme von prestigearmen Aufgaben. Drittens sprechen sie eher auf Komplimente an, wie sie sie auch in ihrer Schülerinnenkarriere erhalten haben: »Du kannst doch so gut Powerpoint!«. Diese drei Trigger verleiten Führungsfrauen dazu, schneller in die Delegationsfalle zu tappen und wertvolle Zeit zu verlieren, die sie anderenfalls für Prestigeaufgaben, Netzwerken und das Planen ihrer Karriere hätten einsetzen können. Dass Affen noch häufiger bei Chefinnen als bei Chefs landen, liegt aber auch an den Mitarbeitenden. Sie neigen dazu, einer freundlichen Chefin häufiger etwas hochzudelegieren als einem etwas reservierten bis harschen Chef. Dieser wird eher gefürchtet und möglichst wenig belästigt. Für Chefinnen bedeutet dies, dass etwas mehr Abgrenzung und auch einmal eine geschlossene Türe schon helfen würden, die eine oder andere Affenübergabe zu verhindern.

Das Wichtigste aber ist das eigene Schärfen der Sensibilität für Aufwärtsdelegation. Nur wer die Affen in seiner Umgebung erkennt und dafür sorgt, dass sie nicht mehr im eigenen Büro, sondern bei den Mitarbeitenden wohnen, kann sich Zeit nehmen für das, was wirklich ziel- und karrierefördernd wirkt.

## Nein sagen

*»Mädchen«* – *spricht er* – *»sag mir ob«* –
*und sie lächelt:* *»Ja, Herr Knopp!«*
WILHELM BUSCH

Nein sagen können gehört zum wichtigsten und gleichzeitig schwierigsten, wenn es um die Karriere, aber auch wenn es um den schonenden Umgang mit sich selbst und den eigenen Ressourcen geht. Gutes Selbstmanagement steht und fällt mit drei Fähigkeiten, die alle ohne ein klares Nein nicht funktionieren: Effektivität, Fokus und Delegation. Effektivität bedeutet nach Peter Drucker »die richtigen Dinge tun«, im Gegensatz zur Effizienz »die Dinge richtig tun«. Wir sind also effektiv, wenn wir diejenigen Dinge wählen und tun, die uns weiterbringen, und nicht nur effizient damit beschäftigt sind, das, was wir ohnehin schon tun, schneller zu leisten. Ohne eine effektive Auswahl werden schlimmstenfalls die falschen Dinge in immer effizienterer Weise getan. Welches sind nun aber die richtigen Dinge, die uns effektiv voranbringen? Hier kommt das nach Vilfredo Pareto, einem italienischen Ökonomen, der vor rund 100 Jahren lebte und wirkte, benannte Prinzip zur Anwendung. Es besagt, dass bereits 20 % des geleisteten Einsatzes 80 % der erwünschten Wirkung erzeugen. Man müsste folglich seinen Fokus auf die 20 % der Dinge richten, die den größten Erfolg (Karriere, Umsatz, Freude, Inspiration …) bringen, und die übrigen Dinge bewusst vernachlässigen, delegieren oder gleich ganz stoppen. Es wäre also durchaus sinnvoll, am Anfang einer Bestimmung seiner effektiven Tätigkeiten eine Aufgabenanalyse nach Pareto vorzunehmen. Als nächstes gilt es, den Fokus auf diese 20 % zu halten. Damit das gelingt, müssen Störungen und Verzettelung auf das absolute Minimum reduziert werden. Medienkonsum, Lesen und Beantworten von E-Mails, ausgiebiges Surfen in sozialen Netzwerken, Unterbrechungen durch schwatzhafte Kollegen und Kolleginnen oder auch durch Vorgesetzte und die eigene Neigung, durch unwichtige Dinge das Wichtige hinauszuschieben (*Prokrastination*), werden reduziert oder wie beispielsweise im Fall von E-Mails auf vorgängig bestimmte Zeiten reduziert, in denen die Aufgaben gebündelt angegangen werden. Ein zusätzlicher Effekt, der genutzt werden kann, ergibt sich aus dem sogenannten Parkinson'schen Gesetz, das besagt, dass eine Aufgabe so viel Zeit in Anspruch nimmt wie ihr eingeräumt wird. Indem man den eher unwichtigen Aufgaben sportliche Zeitfenster setzt, lässt sich deren zeitlicher Aufwand reduzieren.

Es lohnt sich, zunächst die wichtigen Dinge, dann, gebündelt in knappen Zeitfenstern, die unwichtigen zu erledigen und Störungen, auch selbst verursachte, weitgehend auszuschalten. Und was nicht unbedingt selbst erledigt werden muss, wird delegiert – im Wissen, dass man fast alles delegieren kann, vor allem all das, was keinen positiven Einfluss auf den Aufbau eines Netzwerkes, die eigene Außenwirkung und Zufriedenheit hat.

Leicht sichtbar wird nun aber auch, dass dies ohne viele »Neins« nicht funktionieren kann. Wir müssen Nein sagen zu Menschen, die uns unterbrechen, stören und behindern, Nein zur medialen Berauschung, Nein zur eigenen Verzettelung, Nein zur Forderung, auf alles immer unmittelbar reagieren zu müssen, und Nein zu all denjenigen Aufgaben, die keine Entwicklung, wenig Prestige oder Freude mit sich bringen.

In meinen Workshops und Coachings treffe ich auf überdurchschnittlich viele Frauen, die angaben, dass sie nicht gut Nein sagen können, und dann gleich noch hinzufügen, dass das halt so sei und sich auch nicht ändern lasse: »Ich kann eben einfach nicht Nein sagen!«

Zum Glück ist es aber gar nicht so schwierig, Nein sagen zu lernen, vorausgesetzt man weiß wie. Im Folgenden sind ein paar Tipps und Strategien zusammengestellt, die helfen können, ein Nein zu formulieren und durchzusetzen. Um diese aber anwenden zu können, ist eine bestimmte innere Haltung Voraussetzung:

• Ich und meine Zeit sind genau gleich viel wert wie die der anderen.
• Es ist gar nicht möglich, alles zu tun, also kann ich genauso gut nur die wichtigen Dinge tun.

- Es müssen mich nicht alle nett finden. Egal was ich tue und wie sehr ich mich bemühe, es finden sich immer Leute, die mich trotzdem nicht mögen.
- Das Ja kommt vor dem Nein: William Ury, *The Power of a positive No*, meint damit, dass Menschen, die sich über ihre Werte und Prioritäten im Klaren sind und diese tief in sich verankert haben, ihr Nein parallel dazu bereits entwickelt haben.

Sind die genannten Punkte geklärt, ist es möglich, einen oder mehrere der folgenden praktischen Ansätze ausprobieren:

*Zeit schinden*

Arbeitskollegen und -kolleginnen, Vorgesetzte, Verwandte, Freunde und Freundinnen bedienen sich oft der Überrumpelungstaktik, wenn sie etwas von einem wollen. Mal kurz auf dem Gang, am Telefon oder über den Gartenzaun werden Bitten um Dienstleistungen platziert: »Könntest du schnell …?« Wenn kein echter Notfall vorliegt, darf man nun jederzeit ein inneres Stoppschild hochfahren und sagen, dass man das jetzt gerade nicht entscheiden könne, dass man später oder morgen Bescheid gebe oder erst noch mit dem Partner oder der Kollegin darüber sprechen müsse. So gewinnt man die Ruhe für sich zu entscheiden, ob und was man überhaupt tun möchte, und kann somit auch viel einfacher Nein sagen.

*Nein sagen ohne Erklärung oder Rechtfertigung*

Besonders Frauen neigen zu langen Erklärungen und Rechtfertigungen, wenn sie etwas nicht tun möchten oder können. Wenn die angebrachte Bitte berechtigt und kein Versuch ist, einfach eine unliebsame Aufgabe weiterzuschieben, ist eine Erklärung auch eine höfliche Sache. In allen anderen Fällen braucht es diese aber nicht. Hier reicht ein »Das geht leider nicht« oder »Dazu habe ich leider keine Zeit« vollkommen. Erklärungen und Rechtfertigungen wirken nämlich als Türöffner, die sich das Gegenüber unverzüglich zunutze macht und so weiter insistieren kann, und dies gilt es hier zu vermeiden.

## Das Nein der Hotellerie

In der Hotellerie wird eine elegante Technik gelehrt, die es wesentlich einfacher macht, Nein zu sagen, und dabei den Gast, dessen Wunsch abgeschlagen werden muss, dennoch zufrieden stellt. Dies gelingt, indem man ihm statt der gewünschten Sache, zwei Alternativen anbietet: »Ich würde gern eine Cola bestellen.« »Leider ist uns dieses Getränk ausgegangen, ich könnte Ihnen aber eine Sprite oder einen Orangensaft anbieten.« Übertragen auf den Arbeitsalltag könnte dies beispielsweise so tönen: »Könntest du mir diesen Bericht schnell durchlesen?« »Dazu habe ich heute leider keine Zeit. Du könntest ja an meiner Stelle Herrn X fragen oder mir morgen die genaue Textstelle zeigen, zu der du meine Meinung haben möchtest.«

## Emotionen benennen

Ist jemand sehr enttäuscht oder gar wütend über das Ablehnen seiner oder ihrer Bitte, kann man dieses Gefühl benennen: »Du bist offenbar enttäuscht über mein Nein. Leider kann ich die Aufgabe trotzdem nicht übernehmen.« Die Benennung der Emotion lässt in vielen Fällen gleichsam die Luft aus der Aufregung des Gegenübers entweichen. Diese Technik wird übrigens auch von Verhandlungsprofis in besonders kritischen Situationen, zum Beispiel bei Lösegeldforderungen, unter der Bezeichnung »Labelling« eingesetzt.

## Repetieren

Und dann noch das Sahnehäubchen, das jeder der beschriebenen Techniken aufgesetzt werden kann, wenn man es mit einem besonders hartnäckigen Gegenüber zu tun hat: Man repetiert freundlich aber bestimmt sein Nein, ohne in zusätzliche Begründungen zu verfallen, so als wäre man eine Schallplatte mit einem Sprung: »Leider kann ich diese Aufgabe nicht übernehmen.« »Aber du hättest doch bestimmt einen kleinen Moment dafür!« »Es tut mir leid, ich kann diese Aufgabe wirklich nicht übernehmen.« »Ach bitte, ich bin für dich doch kürzlich auch eingesprungen!« »Es tut mir wirklich leid, aber ich kann diese Aufgabe nicht übernehmen.« Spätestens an diesem Punkt wird das hartnäckige Gegenüber aufgeben.

*Nein zu Menschen sagen*

Zuletzt noch etwas zur wohl härtesten Form des Neinsagens: Nein sagen zu Menschen. Es gibt übergriffige Menschen, die anderen Menschen Schaden zufügen, sich verletzend bis missbrauchend verhalten. Woran kann man diese erkennen? Beispielsweise daran, dass sie einem Schuldgefühle bereiten, versuchen, einen wütend zu machen, zu verängstigen oder einem das Gefühl geben, nicht in Ordnung zu sein. Es gibt auch Menschen, die sich selbst stets zum Opfer machen oder solche, die versuchen andere gegen einen aufzubringen. Falls man nicht sicher ist, ob man es mit einer übergriffigen Person zu tun hat, kann man sich zur Überprüfung fragen, wie man sich fühlt, wenn man mit diesem Menschen zusammen ist. Fühlt man sich wertgeschätzt und respektiert? Falls die Antwort »Nein« lautet, ist das ein klares Zeichen, dass man sich von dieser Person entfernen muss. Es kann sein, dass man Mitgefühl für sie empfindet. Das bedeutet aber keineswegs, dass man sich mit ihr abgeben muss. Es spielt überhaupt keine Rolle, wessen »Fehler« es ist, dass man sich in Anwesenheit der anderen Person nicht wohl fühlt, das ist hier überhaupt nicht der Punkt. Man ist ganz einfach nicht dazu verpflichtet, sich in der Gegenwart eines Menschen unwohl zu fühlen. Falls es nun keinen zwingenden Grund gibt, in Kontakt zu bleiben, kann man ihn getrost abbrechen. Falls es vorübergehend, zum Beispiel aus Karrieregründen, notwendig sein sollte, besteht die Möglichkeit eine der folgenden Strategien einsetzen, die Bob Sutton in *The Asshole Survival Guide* empfiehlt: Den Kontakt auf das Minimum reduzieren und so viele Personen wie möglich zwischen sich und die andere Person schalten.

Ein Nein zu einem anderen Menschen kann das Gesündeste sein, das man für sich tun kann.

## Selbstmarketing

### Kunstvolles Netzwerken

*Wer nicht neugierig ist, erfährt nichts.*
JOHANN WOLFGANG VON GOETHE

Welches ist einer der stärksten Karrierehebel? Nein, es ist nicht das Fachwissen, nicht die Dossiersicherheit, es ist nicht das Diplom (schon gar nicht das vierte, fünfte oder sechste, liebe Frauen!), es ist nicht der Fleiß und auch nicht das gute Aussehen.

Es ist, neben einem gelungenen Selbstmarketing, das kunstvolle und strategische Netzwerken. Was aber heißt »kunstvolles und strategisches Netzwerken«? Wenn man dabei jetzt an Menschen denkt, die bei jeder Gelegenheit ihre Visitenkärtchen auspacken und verteilen, wenn einem langweilige Apéros in den Sinn kommen oder 3 000 Facebook-Freunde, dann ist es verständlich, dass einem die Lust auf Netzwerken gleich vergeht.

Es gibt nämlich neben dem noch zu beschreibenden »kunstvollen und strategischen Netzwerken« eher altbackene und bisweilen unangenehme Formen dieses Tuns. Ich denke dabei an geschlossene Zirkel wie Bruderschaften und Zünfte oder einige Service-Clubs, an rein transaktionale Geschäfte im Stil von »ich habe dir ja auch einmal einen Gefallen getan« oder an Apéros, an denen einzig einem Chef gehuldigt wird, über dessen Witze zu lachen Pflicht ist.

Moderne Networking-Autoren wie Keith Ferrazzi (*Never Eat Alone*) oder Alexander Wolf (*Dictyonomie: Fremde zu Freunden*) vertreten ein lustvolles und wertebasiertes Netzwerken. Ein Netzwerk ist in ihrem Sinne kein geschlossener Zirkel von Gönnern und Günstlingen, sondern ein offenes Gebilde von interessanten, an Austausch und gegenseitiger Unterstützung interessierten Menschen. Ein funktionierendes, modernes Netzwerk zeichnet sich aus durch Offenheit und Vertrauen. Der Einstieg in ein Netzwerk geht immer über Geben ohne unmittelbare Gegenleistung. Die

Währung des Netzes ist Großzügigkeit, nicht Gier. Jede und jeder im Netz ist ihre, bzw. seine eigene Marke. Persönlichkeit, Wissen, Humor und Gastgebertum stehen im Zentrum. Alle sind bereit, von ihrer Zeit, ihren Kenntnissen, ihren Beziehungen, ja auch von ihrem Geld zu verschenken. König und Königin in diesem Netzwerk sind diejenigen, die andere am besten miteinander in Kontakt bringen können, die anderen zu Erfolg verhelfen, ohne selbst direkt davon zu profitieren. Eine Karriere als Netzwerkerin könnte aus folgenden Schritten bestehen:

1. Ich biete erfolgreichen und interessanten Menschen meine Zeit und mein Wissen an.
2. Ich zeige mich als eigenständige »Marke« und als Mensch mit vielfältigen Interessen (hier kommt das Selbstmarketing!).
3. Ich verhelfe anderen zu Erfolg.
4. Ich werde Gastgeberin und Verknüpferin.

Netzwerkbeziehungen sind dann tragfähig, wenn sie sich durch echtes Interesse an anderen Menschen auszeichnen. Neben Erfolg und Karriere ist das Kennenlernen von interessanten Menschen der Hauptgewinn des Netzwerkens. Weshalb wohl geht Keith Ferrazzi nie allein essen? Nicht weil er einen Plan abarbeitet, sondern weil er gern mit anderen Menschen zusammen is(s)t. Und natürlich bringt ihm das auch Erfolg. Aber stil- und lustvoll muss es sein!

Nun ist der Einstieg ins Netzwerken nicht jedermanns und vor allem nicht jederfraus Sache. In meinen Kursen und Coachings begegne ich vielen Widerständen, Ängsten, ja sogar Ablehnung, wenn es um das Thema Netzwerken geht. Hier einige der häufigsten Bedenken, meist übrigens von Frauen geäußert:

»Nutze ich nicht andere Menschen aus, wenn ich das Netzwerken »strategisch«, das heißt auf meine eigenen Ziele bezogen, angehe?«

»Ich habe doch nichts anzubieten.«

»Ich nehme auf sozialen Netzwerken keine Anfragen von Leuten an, die ich nicht kenne.«

»Mir ist nicht wohl auf Apéros, also gehe ich da nicht hin. Ich habe andere Freizeitinteressen.«

»Ich kenne gar keine erfolgreichen Leute.«

Zunächst einmal könnte man auf diese Bedenken antworten: Niemand muss irgendetwas. Es ist absolut legitim, im eigenen Büro einen guten Job zu machen und sonst nichts. Das aber hat einen Preis. Und weiter:

Man nutzt andere nicht aus, wenn man auch zu geben bereit ist. Das Spannende an Netzwerken ist übrigens, dass immer etwas zurückkommt, aber häufig nicht von derselben Stelle, an der man etwas hineingesteckt hat.

Alle haben etwas zu bieten, und sei es nur einen interessanten Artikel oder eine Information zu einem Thema, das das Gegenüber begeistert. Gleichzeitig bedeutet das aber auch, dass man wiederum etwas über sein Gegenüber wissen muss, dass es einen überhaupt interessiert, mit wem man es zu tun hat.

Die Forschung zeigt, dass die wirksamsten Verbindungen in einem Netzwerk die sogenannten *weak ties* sind, die schwachen Beziehungen. Den meisten Nutzen zieht man demnach nicht aus engen und direkten Bekanntschaften, sondern aus der eher lockeren Beziehung zu Menschen, die wiederum Zugang zu anderen Netzwerken haben. Gerade Anfragen von Menschen, die man nicht kennt, sollten einen interessieren, unabhängig davon, ob diese analog oder digital daherkommen. Zudem greift hier im Gegensatz zum linearen Effekt der Netzwerkeffekt. Im ersten Fall verändern sich Wert und Ressourcen von Bekanntschaften nur immer dann, wenn man jemanden Neues trifft, das heißt, eine Liste von Beziehungen wird immer länger. Der Netzwerkeffekt, auf dem das gesamte Internet beruht, bewirkt, dass die Wertsteigerung exponentiell mit jeder neuen Bekanntschaft ansteigt. Dieser Effekt tritt nur ein, wenn Beziehungen zwischen den einzelnen Bekanntschaften entstehen. Das heißt, erst als Verknüpferin oder Verknüpfer schafft man einen Netzwerkeffekt.

Apéros sind nicht Freizeit, sondern Teil der Arbeit. Schön ist natürlich, wenn sie trotzdem Spaß machen. Und was ist ein erfolgreicher Netzwerk-Apéro: Ein Anlass, an dem man mehrheitlich mit Menschen geredet hat, die man noch nicht kannte, mit *weak ties*.

Und wenn man keine erfolgreichen und zugleich interessanten Menschen kennt? Dann ist es spätestens jetzt Zeit, mit Netzwerken anzufangen!

## Von der Problembringerin zur Lösungsfinderin

*Wenn jemand ein Problem erkannt hat und nichts zur Lösung*
*des Problems beiträgt, ist er selbst ein Teil des Problems.*

INDIANISCHE WEISHEIT

Mädchen lernen während ihrer Sozialisation schon sehr früh, was es braucht, um eine beste Freundin zu gewinnen und zu halten. Anne Litwin hat dies wunderbar in ihren *Friendship Rules* beschrieben, die da heißen:

1. Sei absolut loyal und vertrauenswürdig.
2. Akzeptiere deine Freundinnen bedingungslos, halte mit Kritik zurück.
3. Behalte Vertrauliches für Dich.
4. Klatsche. Tratsche. Sprich Probleme aus.
5. Sei eine gute Zuhörerin.
6. Gib dein inneres Ich preis.
7. Praktiziere Gleichheit.
8. Sprich nicht über Freundschaftsregeln.

Nach Litwin werden diese Regeln von den Mädchen so stark internalisiert, dass sie sich später als Frauen im Privat- und Berufsleben immer noch daran halten, ohne sich dessen bewusst zu sein. Und leider sind diese Regeln nicht immer förderlich, wenn sie in hierarchischen und männerdominierten Organisationen zur Anwendung kommen.

Die Regeln Nummer 3 und 4 haben zur Folge, dass Mädchen in ihren engsten Freundschaften sehr viel Zeit damit verbringen, Vertrauliches und Problematisches auszutauschen. Sie erzählen sich ihre Geheimnisse, reden über Kummer mit ihren Eltern oder wegen der Liebe und dabei gilt: je problematischer, desto vertraulicher, desto beziehungsstiftender. Dass Regel Nummer 4 dabei auch noch einen Widerspruch zu Nummer 3 schafft, nämlich den Auftrag zu tratschen und gleichzeitig etwas für sich zu behalten, ist ein weiteres wohlbekanntes Minenfeld, vor dem auch Gruppen erwachsener

Frauen nicht gefeit sind (»Ich sollte es eigentlich nicht weitersagen und sage es nur dir. Sag aber niemandem, dass ich etwas gesagt habe.«).

An dieser Stelle geht es nun aber um die Wirkung, die das Thematisieren und Öffentlichmachen von Problemen im Arbeitsumfeld hat. Wenn Frauen aus Gewohnheit und auch wegen des Bedürfnisses Beziehung herzustellen und zu vertiefen insbesondere ihren männlichen Vorgesetzten und Kollegen stets die problematische Seite einer Sache schildern, kreieren sie Probleme, die sie ansonsten nicht gehabt hätten. Nur ist ihnen dies in der Regel nicht bewusst.

- Die mehrheitliche Betonung der schwierigen und ungelösten Aspekte einer laufenden Aufgabe oder eines Projekts in Sitzungen ist Gift für das eigene Selbstmarketing. »Wir sind leider noch nicht so weit gekommen, wie wir ursprünglich gedacht hatten, wir hätten vielleicht mehr investieren müssen, im Moment sieht es noch nicht so aus, als ob wir die Deadline einhalten könnten ...« Nicht nur bleibt, im Vergleich zum Kollegen, der die erfolgreichen Aspekte seiner Arbeit betont, ein Eindruck von Unfähigkeit hängen, sondern auch der anwesende Auftraggeber hat keine Freude. Da macht jemand »sein Projekt« schlecht!
- Beim wiederholten problemorientierten Vieraugengespräch mit dem Chef gerät man allmählich in die Rolle der »Problembringerin«. Schon das bloße Erscheinen an der Tür des Vorgesetzten löst bei ihm den unmittelbaren Gedanken aus: »Was ist jetzt wohl wieder los?« Eine Mitarbeiterin, an der die Problemorientierung gleichsam zu kleben scheint, ist nicht interessant, wenn es um die Vergabe von attraktiven Projekten, von Prestigeaufgaben oder gar um Beförderungen geht. Menschen werden nicht zuletzt in Führungsfunktionen befördert, weil sie durchsetzungsfähig sind und Lösungen schaffen.
- Wenn Frauen in ihrem Arbeitsumfeld Problematisches aus ihrem Privatleben erzählen, weil sie gewohnt sind, auf diese Weise Beziehungen zu knüpfen, können sie sowohl bei Männern als auch bei Frauen Wirkungen erzeugen, die sie so nie gewollt hätten.

Männer reagieren auf zu viel Privates und vor allem auf zu viel privat Schwieriges häufig genervt oder sogar mit Ablehnung. Privates bleibt privat und wird auch dort leider oft nur ungern besprochen. Frauen hingegen reagieren, »freundinnenmäßig«, zunächst erfreut, da die Erzählungen über die Schulschwierigkeiten der Kinder, die Eheprobleme oder die finanziellen Engpässe zu Recht als Vertrauensbeweise und Beziehungsangebote bewertet werden. Aber auch hier ist Vorsicht geboten. Genau aus diesen Informationen entsteht der Stoff, der bei späteren Konflikten unter den Frauen gegeneinander verwendet wird. »Wusstest du eigentlich, dass ihr Mann ein Alkoholproblem hat?«

- Und nicht zuletzt entsteht durch das zu häufige Besprechen von Problemen auch eine Jammerkultur. Diese lässt sich oft schon nur bei leichtem Hinhören während Arbeitspausen erkennen. Wenn der Tonfall überwiegend genervt, klagend und jammernd ist, ist dies kein Ort, an dem Lösungen entstehen und Innovation oder Kreativität Platz hat. Hier werden auch keine Karrieren vorangetrieben. Bleiern wird im schwierigen Jetzt verharrt.

Was ist denn nun die Lösung des Problems oder eben der Probleme? Es kann ja nicht sein, dass Probleme oder Fehler nicht besprochen oder gemeldet werden. Dies wäre einer angemessenen Fehler- und Qualitätskultur in jedem Fall hinderlich, wenn nicht sogar gefährlich. Wie kann also Schwieriges angesprochen werden, ohne dass man in eine der beschriebenen Fallen tappt? Am elegantesten ist es, eine Problemschilderung immer unmittelbar mit einem Lösungsvorschlag zu verknüpfen. Der Chef oder die Chefin muss diesen ja nicht annehmen und in einer größeren Sitzung gibt es zum Vorschlag vielleicht widersprüchliche Meinungen. Das macht aber nichts. Es genügt, dass das Bild einer Person nun mit der Lösung und nicht mehr mit dem Problem verknüpft ist. Die Problembringerin wird zur Lösungsfinderin.

Und private Probleme gehören sowieso nicht an den Arbeitsplatz.

# Verhandeln

## Die Lohnverhandlung – Hintergründe

*Arbeit ohne Lohn ist halb Spott halb Hohn.*
DEUTSCHES SPRICHWORT

Frauen wird gerne und wohl auch nicht ganz zu Unrecht eine Verhandlungsaversion vorgeworfen. Diese zeigt sich vor allem dann, wenn sie um ihre eigenen Interessen, zum Beispiel ihren Lohn und ihre Arbeitsbedingungen, verhandeln sollten. Setzen sich Frauen hingegen für die Interessen anderer ein, können sie genauso hart kämpfen wie ihre männlichen Kollegen. Das ist in der Tat ein interessanter Punkt und könnte einmal mehr etwas mit Unterschieden in der Sozialisation von Mädchen und Jungen zu tun haben. Für ein Mädchen gehört es sich nach wie vor nicht, sich selbst und die eigenen Interessen in den Vordergrund zu stellen. Mädchen wird viel mehr Verantwortung für das Gemeinwohl als Jungen abverlangt. Sie sollen bescheiden und selbstlos sein und ihre eigenen Interessen zurückstellen. Den Jungen hingegen wird eine »gesunde Portion Egoismus« grundsätzlich zugestanden. Unabhängig vom Geschlecht und den damit verbundenen unterschiedlichen Ansprüchen an Mädchen und Jungen, haben auch die soziale Herkunft und die in der Kindheit verinnerlichten Glaubenssätze zum Thema Geld einen großen Einfluss auf das spätere Verhandlungsverhalten. Wer mit der Einstellung »über Geld spricht man nicht«, »Geld verdirbt den Charakter« oder gar »Geld stinkt« aufgewachsen ist, tut sich schwer, später eine angemessen hohe Entlohnung einzufordern. Wer hingegen gelernt hat, dass »einem etwas zusteht« und dass man mit genügend Geld auch sorgenfreier oder überhaupt freier leben kann, geht künftige Lohnverhandlungen selbstbewusster an. Frauen, die also sowohl bedingt durch ihr soziales Geschlecht als auch durch die in ihrer Familie erworbene Einstellung zu Geld und Reichtum ein zwiespältiges Verhältnis zu angemessenen Lohnforderungen haben, sind doppelt benachteiligt.

Dass Frauen in Lohnverhandlungen schlechter abschneiden als

Männer, ist unbestritten. 2016 vermeldete der Global Gender Gap Report, dass es auf der Welt kein einziges Land gibt, in dem Frauen so viel verdienen wie Männer. Gemäß der Lohnstrukturerhebung des Bundesamts für Statistik verdienten in der Schweiz Frauen 2016 durchschnittlich 19.6 % weniger als Männer. Dabei sind die erklärbaren Faktoren wie Alter, Ausbildung und Dienstjahre bereits herausgerechnet. Die Lohndifferenzen variierten nach Sektor und Funktion. Während im privaten Sektor der Unterschied über 40 % betrug, waren es im öffentlichen Sektor immerhin noch rund 16 %. Bei den oberen Kaderfunktionen waren die Lohnunterschiede größer. Die nach wie vor bestehende Lohndifferenz zwischen Männern und Frauen ist ein erschreckendes Zeichen für die eben noch nicht erreichte Gleichstellung der Geschlechter.

Umstritten hingegen sind die Gründe dafür: Zunächst einmal spielen hier wieder Stereotypen und konservative Wertvorstellungen zuungunsten der Frauen eine Rolle, das ist unbestritten und kann nur durch Transparenz im Verfahren und gesetzliche Vorschriften gelöst werden. Es drängt sich aber auch die Frage auf, ob Frauen sich das Verhandeln weniger zutrauen. Und wenn sie sich trauen, werden dann ihre Bemühungen anders gewertet als die der Männer, oder werden Männer gar häufiger von Chefs und Chefinnen aktiv zu einer neuen Lohnrunde eingeladen? Und, ungeachtet dieser Hintergründe, was können Frauen tun, um in Lohnverhandlungen erfolgreicher zu sein? Linda Babcock und Sara Laschever zeigten in ihrem Buch *Women Don't Ask* auf, dass Frauen bereits zu Beginn ihrer Karriere tiefere Lohnziele haben als Männer. Das »Paradox der zufriedenen weiblichen Arbeitskraft« beschreibt die Tatsache, dass Frauen auf einem tieferen Lohnniveau genauso zufrieden sind wie Männer mit höherem Einkommen. Dies hat mit ihren bescheideneren Lohnerwartungen zu tun, die zumindest teilweise daher stammen, dass Menschen sich eher mit denjenigen Menschen vergleichen, die ihnen ähnlicher sind. Also Frauen in der Regel mit anderen Frauen und auch eher mit Gleichaltrigen, aber nicht unbedingt mit gleich Qualifizierten, die in ihrer Karriere schon weiter aufgestiegen sind. Männer wiederum orientieren sich an ihresgleichen, die besser bezahlt und in höheren Funktionen anzutreffen sind. Eine Studie der Soziologinnen Major und Konar (zitiert in Babcock und Laschever) zeigte auf, dass Männer als Lohn für ihr erstes Verdienstjahr 13 % mehr erwarten als Frauen, am Höhepunkt der Karriere gar 32 % mehr. Verhandeln Frauen ihren ersten Lohn auf Grund ihrer Erwartungen dann auch tatsächlich tiefer, setzt sich die Differenz bei jedem Karrieresprung fort, beziehungsweise vergrößert sich im Lauf der Zeit sogar so, dass die Schere zwischen Frauen- und Männerlöhnen je höher die Position, desto mehr auseinanderklafft. Die These von Babcock und Laschever hingegen, dass sich Frauen schlicht nicht getrauen nach einem höheren Lohn zu fragen, lässt sich so nicht halten. Eine Studie der Universitäten Warwick und Wisconsin zeigt (zitiert in Babcock und Laschever), dass Frauen genauso oft nach einer Lohnerhöhung fragen wie Männer, letztere diese aber mit einer 25 % höheren Wahrscheinlichkeit zugesprochen bekommen. Verhandeln wird in der Gesellschaft nämlich als eher männliche Tätigkeit angesehen. Das wirkt sich nun einerseits auf die Art aus, in der Frauen verhandeln, aber auch darauf, wie verhandelnde Frauen von der Gegenseite eingeschätzt werden. Ihnen wird im Allgemeinen ein tieferer Lohn angeboten und sie werden, wenn sie fordernd auftreten, als unangenehme Personen abgestempelt, während männliche Verhandelnde lediglich als hartnäckig wahrgenommen werden. Die deutschen Forscherinnen Ruppert und Voigt zeigten auf, dass Frauen beim Verhandeln einen eher kooperativen Stil anstreben und deshalb übrigens auch besser in einer sogenannten *Win-Win-Verhandlung* nach dem bekannten Harvard-Konzept abschneiden. Dies ist nun aber bei Lohnverhandlungen nicht unbedingt der erfolgreichere Ansatz, da ja nicht immer beide Seiten in erster Linie einen Kompromiss anstreben, sondern die Arbeitgeberseite in der Regel daran interessiert ist, einen möglichst tiefen Lohn zu verhandeln. Dem kann man nun nicht geschickt begegnen, indem man bereits mit einer mittelmäßigen Forderung einsteigt.

Frauen verhandeln also schon, aber nicht durchsetzungsstark genug, und werden, wenn sie ausnahmsweise stark auftreten, gerade deswegen wiederum abgewertet. Dennoch führt für Frauen kein Weg daran vorbei, besser verhandeln zu lernen und dabei auch noch sozialisationsbedingte Hemmungen beim Einfordern von Gütern und Rechten abzubauen.

## Lohn verhandeln – So macht man das!

*Bescheidenheit ist eine Zier,*
*doch weiter kommt man ohne ihr.*

REDENSART

Frauen sind kooperativer in Verhandlungen und das wird von ihnen auch erwartet. Frauen verhandeln aber auch schlechter und das Gegenüber trägt durch unbewusste stereotype Geschlechterbilder seinen Teil dazu bei. Letztere Glaswand lässt sich wie so viele andere wohl erst mit einem markant höheren Frauenanteil in Führung und Akademie zerschlagen. Was sich aber umgehend verbessern lässt, sind die Lohnverhandlungsstrategien von Frauen selbst. Das *Dual Concern Model* von Pruitt und Rubin beschreibt vier Verhandlungsstrategien, die sich von den Achsen *eigene Interessen* und *Interessen der Verhandlungspartner* ableiten. Die Berücksichtigung beider Interessen führt zur sogenannten *Integrationsstrategie*. Legt man den Fokus hauptsächlich auf die eigenen Interessen, arbeitet man mit der *Durchsetzungsstrategie*, was Männer besser können und was ihnen auch eher zugestanden wird. Stellt man einzig die Interessen der Gegenseite in den Vordergrund, verhandelt man nach der *Nachgebestrategie*. Vernachlässigt man sowohl die eigenen als auch die Interessen der anderen und möchte am liebsten, es würde nie eine Verhandlung stattfinden, geht man mit einer *Vermeidungsstrategie* in eine Verhandlung. Frauen, die gut verhandeln, fahren am besten mit der Integrationsstrategie, weil diese auch kaum in Konflikt zu stereotypen Frauenbildern steht. Ist frau aber stärker in der Nachgebe- oder der Vermeidungsstrategie unterwegs, ist die Wahrscheinlichkeit groß, dass sie ein paar typische Verhandlungsfehler macht oder wesentliche Schritte, die zum Erfolg führen können, unterlässt. Und dies sollte zu allererst korrigiert werden.

Welches sind denn nun die größten Fehler, die Frauen bei Lohnverhandlungen machen, und was würde besser funktionieren?

## 1. Die Einstellung

Alle Tipps und Tricks der Welt sind nichts wert, wenn Frauen ihre innere Einstellung zur Verhandlung nicht ändern können. Sie haben so viel geleistet, gelernt und investiert, dass es nur gerecht ist, wenn sie auch ihren Qualifikationen entsprechend entlohnt werden. Ein angemessen hoher Lohn ist hier kein Zeichen von Unbescheidenheit und Gier, sondern lediglich das, was der Arbeitgeber für qualifizierte Bewerberinnen bezogen auf die aktuelle Marktsituation auch aufbringen muss.

## 2. Die Vorbereitung

Ohne Wissen um Marktlöhne, ohne stimmige Vergleiche mit Löhnen von Menschen, die mindestens gleich gut qualifiziert sind, und ohne Insiderinformationen aus der entsprechenden Branche kann man gar keine Vorstellung davon haben, was die Gegenseite bieten muss. Hier machen übrigens auch die meisten Männer ihre Hausaufgaben nicht. Die Mehrheit der Bewerbenden geht nämlich unglaublich schlecht vorbereitet in Bewerbungsgespräche und Lohnverhandlungen. Dabei gibt es im Internet verschiedenste Lohnberechnungstools und -statistiken und es lohnt sich sehr, mehrere zu nutzen und deren Ergebnisse zu vergleichen. Frauen sollten allerdings bei denjenigen Lohnrechnern aufpassen, in denen das Geschlecht angegeben werden muss, und immer »Mann« angeben. Es kann sein, dass das Tool sonst einen niedrigeren Lohn ausspuckt! Eine weitere Quelle sind Kollegen und Kolleginnen in einer vergleichbaren oder höheren Funktion. Da besonders in der Schweiz nicht gern über Löhne gesprochen wird und viele Arbeitnehmende auch aus Konkurrenzdenken nicht gern über ihr Gehalt sprechen, ist es oft erfolgreicher, diejenigen zu befragen, die nicht in der gleichen Organisation arbeiten oder – noch besser – die früher da arbeiteten und nun in eine neue Organisation gewechselt haben.

Und vorbereitet sein, heißt in jedem Fall Üben: über sich und seine Leistungen positiv sprechen, argumentieren, Stärken benennen und sich auch getrauen, Lohnsummen konkret auszusprechen. Hier erlebe ich in Workshops und Coachings Frauen, die geradezu schamhaft verstummen, wenn sie in Übungen nach ihrem Wunschlohn gefragt werden, um dann schließlich hüstelnd doch noch eine bescheidene Zahl von sich zu geben. Zur Vorbereitung gehört also bereits das selbstbewusste Aussprechen einer Gehaltsumme. Es empfiehlt sich zudem, die Verhandlungsübungen zu filmen und dann auch effektiv kritisch anzuschauen und mit einer Vertrauensperson zu trainieren, die erfahren und einem gerade eben nicht zu ähnlich ist. Die beste Freundin ist hier nur hilfreich, wenn sie auch entsprechend kompetent ist. Eine Freundin, die mit ähnlicher Bescheidenheit und Unerfahrenheit ausgerüstet ist, verstärkt die bereits vorhandenen Hemmungen.

### 3. Die Begründung, beziehungsweise das »Verkaufsgespräch«

Während des Bewerbungsverfahrens ist es nun von großer Bedeutung darstellen zu können, weshalb man die Richtige für die Stelle ist und auch, weshalb man einen bestimmten Lohn zu Recht fordert. Hier stolpern Frauen häufig gleich in zwei Fallen. Die erste hat mit schlechtem Selbstmarketing zu tun. Frauen weisen in Bewerbungsgesprächen leider oft auf die Anforderungen im Stellenprofil hin, die sie nicht erfüllen, und rechtfertigen sich dafür. Stattdessen gilt es, seine Stärken zu betonen und diese geschickt mit den Anforderungen des Arbeitgebers zu verknüpfen. Verkauft wird also die Passung zur Stelle und vor allem auch der Nutzen, den die Organisation aus der Anstellung ziehen wird. Auch bei Neuverhandlungen beim gleichen Arbeitgeber sind diese Aspekte in den Vordergrund zu stellen und nicht etwa die Dauer der Betriebszugehörigkeit oder die neue Familiensituation. Zur Begründung gehören auch gute Vergleichszahlen, also Benchmarks aus den Berechnungstools, öffentlich zugänglichen oder sonst wie erworbenen Lohnlisten, oder – im Fall von betriebsinternen Verhandlungen – konkrete Löhne von Personen im Unternehmen mit vergleichbaren Positionen.

## 4. Leverage und »Nein«

Zu jeder Verhandlung sollte *Leverage*, also eine Hebelwirkung, mitgebracht werden, mit der das eigene Verhandlungsgewicht angehoben werden kann. Das können parallellaufende Verhandlungen bei anderen Arbeitgebern sein, gute Vergleichszahlen, Nachweise hervorragender Qualifikation und wertvoller Erfahrung oder auch schlicht die innere Bereitschaft, zu einem schlechten Angebot nein zu sagen und die Verhandlung abzubrechen. Eine Verhandlung ohne ein Nein in der Tasche zu haben ist keine Verhandlung. Claudia Kimich, Autorin eines praktischen Lohnverhandlungsratgebers, erzählt die amüsante Geschichte einer Bewerberin, die als Antwort auf ein unglaublich schlechtes Angebot aufstand und meinte: »Ach, ich wusste gar nicht, dass es sich hier um eine Teilzeitstelle handelt!«, und den Raum verließ.

## 5. Die Gehaltsvorstellung

Wenn es nun zum entscheidenden Moment kommt und der mögliche Arbeitgeber nach den Gehaltsvorstellungen fragt, gilt es mehrere Fallstricke zu beachten. Zunächst einmal ist die Frage, wer zuerst eine Zahl nennt, von Bedeutung. Es kann geschickt sein und wird so von mehreren Autoren empfohlen, auf die Frage nach dem erwünschten Gehalt zunächst mit einer Gegenfrage zu antworten und zu fragen, was man denn bereit sei anzubieten. Nennt man nämlich selbst die erste Zahl, läuft man Gefahr aus Unwissenheit oder übertriebener Bescheidenheit einen zu tiefen Betrag zu nennen und dann auch ein entsprechend schlechtes Angebot zu erhalten. Nennt der Arbeitgeber eine erste Zahl, besteht natürlich auch die Möglichkeit, dass er eine zu tiefe Zahl nennt, aber eher selten wohl eine unanständig tiefe. In beiden Fällen sind die ermittelten Vergleichszahlen von größter Bedeutung, um weiter zu verhandeln. Und hier muss auch weiterverhandelt werden! Nicht selten akzeptieren Frauen bereits das erste Angebot, wenn es für sie einigermaßen vernünftig erscheint. Sie fallen auch oft auf die Behauptung herein, dass das Vergütungsmodell fix und deshalb keine weitere Verhandlung möglich sei. Dabei handelt es sich fast immer um reine Verhandlungstaktik oder es ist gar eine glatte Lüge. Selbst in Verwaltungen und anderen Organisationen des öffentlichen Sektors, die mit Lohnklassen und -bändern arbeiten, gibt es immer Verhandlungsspielraum. In all meinen Jahren als Personalchefin und HR-Spezialistin habe ich in solchen Organisationen bei Lohnverhandlungen trotz scheinbar fixen Vorgaben verhandelt. Wer nichts forderte, hatte aber schlicht Pech und erhielt nicht selten nur ein anständiges Minimum. Vorausgesetzt die Bewerberin ist überhaupt interessant für die Gegenseite, besteht also immer Verhandlungsspielraum. Vorsicht ist zudem geboten, wenn man nach dem letzten Gehalt gefragt wird. Dieses sollte man nie nennen, hat es doch überhaupt keine Bedeutung für die neue Verhandlung und geht einen künftigen Arbeitgeber im Grunde auch nichts an. Eine kleine Notlüge wie »darüber darf ich nicht sprechen«, kann hilfreich sein. Der Wechsel zu einem neuen Arbeitgeber birgt ja gerade die Chance, aus der Fortschreibungsdynamik eines letzten, schlecht verhandelten Lohns auszusteigen.

Der letzte entscheidende Punkt an dieser Stelle ist nun die Frage, welchen Wunschlohn man überhaupt nennen soll. Hier pokern Männer grundsätzlich schon ganz anders, indem sie selbstbewusst eine vergleichsweise zu hohe Zahl angeben, von der sie sich dann wieder herunterhandeln lassen. Frauen geben leider oft eine Lohnspanne an, an deren unteren Ende der gerade noch verschmerzbare tiefste Lohn steht und am oberen Ende eine immer noch bescheidene, als angemessen betrachtete, Zahl. Was dann in der Regel passiert, ist, dass sich der letztlich vereinbarte Lohn am unteren Ende der Skala befindet oder gar darunter liegt! Eine Lohnspanne sollte also möglichst vermieden werden, es sei denn man nennt den angemessenen Vergleichslohn am unteren und am oberen Ende bewusst eine zu hohe Zahl. Eine solche Vorgehensweise fällt Frauen häufig schwer, weil sie die – oft gespielte – entsetzte Reaktion ihres Gegenübers fürchten: »Das ist ja völlig überrissen!« oder »Das liegt jenseits jeglichen Verhandlungsspielraums!« oder so ähnlich. Zum Glück gibt es hier noch die Variante, nur eine Zahl zu nennen. Dies ist die Zahl, die einen im Erfolgsfall vor Aufregung und Glück schreiend herumhüpfen lassen würde. Sie ist nicht »unangemessen« hoch, aber in jedem Fall am oberen Ende des je erträumten Spektrums. Nicht genannt wird die untere Zahl, die einer vollkommen angemessenen guten Entlohnung entspricht und bis zu der man sich notfalls herunterhandeln lässt. Liegt das letzte Angebot darunter, zieht man das »Nein« aus der Tasche und schaut, ob die Gegenseite noch bereit ist, mehr herauszurücken. Falls nicht, ist dies das Ende der Verhandlung.

Für einen Arbeitgeber zu arbeiten, der einen bereits bei der Verhandlung über den Tisch zieht und die Qualitäten, die man anzubieten hat, nicht zu würdigen weiß, ist ohnehin keine gute Strategie. Was schlecht anfängt, entwickelt sich normalerweise nicht zum Besseren.

### 6. Lohn ist nicht nur Geld

Wenn man sich bei einer Lohnverhandlung auf die monetäre Vergütung beschränkt, läuft man Gefahr, weitere Chancen zu verpassen. Ist in Form von Geld nicht mehr herauszuholen, besteht die Möglichkeit, über weitere Vergütungen wie Urlaub, Weiterbildungsmöglichkeiten, Arbeitsmodelle oder Homeoffice zu verhandeln. Ist ein Arbeitgeber an der Anstellung sehr interessiert, der Lohnrahmen aber ausgeschöpft, ist er nicht selten bereit, über Entschädigungen dieser Art zu diskutieren. Es ist durchaus möglich, nicht-monetäre Bestandteile auch noch auf andere kreative Art einzusetzen: Man fordert bewusst zu viel an Flexibilität, Urlaub, Sabbaticals und dergleichen mehr und löst damit wiederum monetäres Entgegenkommen aus.

Und was nun, wenn Frauen oben genannte Strategien wiederum zum Nachteil gereichen, weil sie als zu dominant, unangenehm und damit wiederum nicht als anstellungswürdig wahrgenommen werden? Hier können Frauen nun den im Harvard-Konzept postulierten Ansatz »hart in der Sache – weich zu den Menschen« einsetzen. Sozial zugewandtes, freundliches und lösungsorientiertes Verhalten gepaart mit klaren Vorstellungen, einem selbstsicheren und gut trainierten Auftreten und dem »Nein« in der Hosentasche ist deshalb das beste Rezept für eine erfolgreiche Verhandlung.

## Lernen von Verhandlungsprofis

*Sei klüger als die anderen,*
*wenn du es kannst,*
*aber sage es ihnen nicht.*

LORD CHESTERFIELD

Wenn Profis verhandeln, wenden sie Techniken an, die auf Empathie, Einschätzen des Gegenübers, Kontrollieren der eigenen Reaktionen und Emotionen beruhen, und setzen zudem durchaus auch ein paar Tricks ein. Gerade Frauen sind, wenn es um Empathie und das Lesen anderer Menschen geht, oft besonders begabt. Ihnen wird deshalb auch eine große Fähigkeit im Erhandeln von Win-Win-Lösungen zugestanden. Die andere wichtige Seite, die es zum Verhandeln braucht, ist eine Kombination aus Selbstbeherrschung, Mut und genügend Konfliktfähigkeit. Hier sind Frauen sozialisationsbedingt eher im Nachteil. Es lohnt sich deshalb, die Kunst des Verhandelns zu analysieren und die besten Strategien auf Kommunikationssituationen im alltäglichen Arbeitskontext, oder durchaus auch auf den privaten Bereich, anzuwenden. Durch Einsatz dessen, was Frauen bereits gut können, kombiniert mit etwas härteren Techniken, lassen sich wesentlich bessere Resultate erzielen, wenn es um Standhaftigkeit, Hartnäckigkeit und das Erreichen von Karrierezielen geht.

Chris Voss ist einer der großen Verhandlungsprofis. Für das FBI verhandelte er in den anspruchsvollsten Situationen überhaupt, beispielsweise bei Lösegeldforderungen oder Drohungen terroristischer Gruppierungen. Im Gegensatz zu anderen Verhandlungsspezialisten, die stark auf Logik und strategische Abläufe setzen, liegt sein Fokus auf den Emotionen des Gegenübers und der kommunikativen Kontrolle der Situation. Wenn man seinen Chef oder seine Chefin von irgendetwas überzeugen oder deren Einverständnis zu einem Anliegen erhalten möchte, kann man einige seiner Strategien erfolgreich einsetzen.

## Spiegeln

»Spiegeln« wird oft als nonverbale Technik beschrieben. Man imitiert dabei die Körpersprache des Gegenübers. Genau darum geht es im Folgenden nicht, denn der in dieser Art von Verhandlungen eingesetzte Spiegel ist ein rein verbales Werkzeug. Menschen fühlen sich dann am wohlsten, wenn sie unter möglichst ähnlichen anderen Menschen sind. Indirekt vermittelt dieses Spiegeln dem Gegenüber die Botschaft:»Traue mir, wir sind uns ähnlich«. Die Technik besteht nun lediglich darin, mindestens die letzten drei Wörter des letzten Satzes des Gegenübers zu wiederholen und den eigenen Satz mit »Entschuldigung …« einzuleiten.

Chef: »Ich bestehe darauf, dass Sie das schnellstmöglich erledigen und will die Papiere heute Abend noch auf meinem Schreibtisch sehen!«

Sie: »Entschuldigung, am Abend noch auf Ihrem Schreibtisch? (mind. 4 Sekunden warten)

Chef: »Ja, genau so möchte ich es haben.«

Sie: »Entschuldigen Sie, Sie sagen, dass Sie es genauso haben möchten?« (mind. 4 Sekunden warten)

Chef: »Ja, also, auf jeden Fall möglichst schnell. Sicher bis Mittwoch.«

In diesem Beispiel knickt der Chef nach dem zweiten Spiegel ein. Durch das Warten und Schweigen während mindestens vier Sekunden hängen die letzten wiederholten Wörter gleichsam in der Luft und so entfaltet der Spiegel seine Wirkung. Der Chef fühlt sich verstanden und kann nun weicher in der Sache werden. Wer fürchtet, die Technik sei auffällig und werde vom Gegenüber erkannt, kann beruhigt sein. Selbst Erfinder Chris Voss fällt darauf herein, wenn er »gespiegelt« wird. Und Frauen dürfen in diesem Fall sogar ihr geliebtes »Entschuldigung« einsetzen.

## Das Ja und das Nein

Man könnte annehmen, dass das »Ja« in einer Verhandlung das wichtigste Wort sei. Schließlich will man das Gegenüber überzeugen und zum Einlenken bringen. Das gilt genauso, wenn man von seiner Führungsperson etwas will. Würde ein Ja auch wirklich immer eine Zusage oder ein echtes Engagement bedeuten, wäre dieses Wort effektiv das wichtigste Ziel, das es zu erreichen gilt. Ein Ja kann aber auch schlicht geheuchelt sein und nur eingesetzt werden, um das lästige Gespräch zu beenden. In dieser Form ist es nicht mehr wert als ein Vielleicht, nämlich gar nichts. Ein Nein hingegen kann absurderweise viel wirksamer sein. Bei einer Verhandlung geht es genauso wie beim Gespräch mit der Chefin oder dem Chef darum, der Gegenseite das Gefühl zu geben, dass sie die Oberhand hat. Das erreicht man, indem man dem anderen die Gelegenheit gibt, herzhaft Nein zu sagen. Gelingt dies, fallen oft anfängliche Barrieren. Das Nein ist deshalb nicht selten der Start einer Verhandlung und nicht deren Ende. Hat das Gegenüber ein erstes Mal Nein gesagt, macht man eine sehr ernste Pause und stellt dann eine lösungsorientierte Frage, zum Beispiel: »Was wäre nötig, dass Sie meiner Bitte nachkommen können?« oder eine sogenannt kalibrierte Frage »Wie soll ich das ohne Ihre Zustimmung schaffen?«

Gail Evans, ehemalige Vizepräsidentin von CNN, beschreibt in ihrem Buch *Play Like a Man, Win Like a Woman,* dass Frauen die Bedeutung von Ja und Nein oft falsch einschätzen. Ein echtes Ja, vor allem wenn es überraschend schnell kommt, zerreden sie, weil sie ihre zahlreichen gut vorbereiteten Argumente doch noch anbringen möchten. Gail Evans zitiert einen Vorgesetzten, der zu einer Frau in einer solchen Situation sagte: »Wenn Sie jetzt noch weiterreden, werde ich Nein sagen.« Auf ein echtes Ja gibt es also nur eine Antwort, nämlich: »Danke!« Ein Nein hingegen wird von Frauen zu schnell als abschließende Entscheidung gewertet. Dabei kann die Antwort durchaus situationsabhängig sein. Der Chef ist schlecht gelaunt, der Zeitpunkt ist ungünstig oder es sind noch weitere Personen anwesend, in deren Augen eine Zustimmung den Status des Chefs senken könnte. Hier gilt es also, nicht einzuknicken und bei nächster Gelegenheit unter günstigeren Umständen das Anliegen erneut vorzubringen.

### Der E-Mail-Zaubertrick

Eine häufige Taktik von Vorgesetzten ist das Ignorieren von E-Mails. In der täglichen Flut von zu beantwortenden E-Mails ist es natürlich schon möglich, dass einmal eine untergeht. Deshalb ist es bereits beim Versenden der ersten E-Mail wichtig darauf zu achten, dass sie aus all den anderen herausragt und auch nicht viel Arbeit verursacht. Ein guter und attraktiver Betreff lädt zum Lesen ein und ein möglichst kurzer Text von maximal fünf Zeilen signalisiert, dass es sich lohnt, die E-Mail schnell zu verarbeiten. Ist sie zu lang, wird sie wieder geschlossen oder gar gelöscht. Es gibt übrigens auch Vorgesetzte, die bei langen E-Mails nur auf die ersten Sätze reagieren und weiter untenstehende Themen und Fragen schlicht ignorieren. Deshalb sind lange »Sammelmails« ohnehin keine gute Idee und werden besser in mehrere Sendungen aufgeteilt.

Es wäre aber naiv anzunehmen, dass Vorgesetzte E-Mails nur aus Zeitdruck unbeantwortet lassen. Das Ignorieren von E-Mails ist durchaus auch eine Machtstrategie. Die indirekte Botschaft lautet: »Du bist oder dein Thema ist nicht wirklich wichtig.« Wird eine E-Mail nun auch nach höflichem Nachfragen nicht beantwortet, kommt der Zaubertrick zur Anwendung. Eine Nachricht mit folgender Frage, in entsprechender Variation, wird verschickt:

»Haben Sie dieses Projekt ganz aufgegeben?« oder »Haben Sie sich gegen die Publikation entschieden?«

Auf diese Frage kommt in der Regel postwendend eine Antwort.

### Die kalibrierte Frage

Kalibrierte Fragen nach Chris Voss sind Fragen, die mit dem Buchstaben »W« beginnen, also offene Fragen. Die wirksamsten darunter sind die Fragewörter »Wie?« und »Was?«. »Warum?« sollte nur selten eingesetzt werden, weil es fast immer als Vorwurf verstanden wird. Interessanterweise wird »Warum« aber besonders oft eingesetzt und dies besonders von Menschen, die stark analytisch orientiert sind und »der Sache auf den Grund gehen« wollen. Sie sind sich der problematischen Seite dieser Frage und des abwehrauslösenden Moments nicht bewusst. Die lösungsorientierte Schule hingegen verwendet Wie- und Was-Fragen. Auf die Ablehnung eines Anliegens, beispielsweise nach mehr Budget oder Forschungszeit, sind die Fragen »Wie soll ich das denn unter diesen Umständen schaffen?« oder »Was soll ich denn Ihrer Meinung nach tun?« besonders wirksam. Das Gegenüber fühlt sich nun in der Verantwortung und somit auch im Status wahrgenommen und neigt deshalb dazu, das Nein noch einmal zu überdenken.

### Verhandlungstypen

Von Autoren und Autorinnen, die sich vertieft mit dem Thema Verhandlung befassen, werden gern Typologien von Verhandlungspartnern und -partnerinnen aufgestellt. Das geht von schon fast comichaften Charakteren wie »Max und Maxima« und »Star und Stella« bei Claudia Kimich bis zu sehr differenzierten und damit aber auch äußerst komplizierten Archetypen in anderen theoretischen Ansätzen. Aus der Praxis herausgearbeitet und bis zur Brauchbarkeit aber nicht zur Simplifizierung hin verdichtet schlägt Voss drei Typen vor: den Analytiker oder die Analytikerin, der oder die Entgegenkommende und die oder der Durchsetzungsfähige.

Analytikerinnen und Analytiker sind methodisch und gründlich. Sie gehen systematisch vor und haben es nicht eilig, einen Abschluss herbeizuführen. Sie sind grundsätzlich skeptisch und wenn sie während eines Gesprächs schweigen, denken sie nach. Sie mögen keine

Überraschungen. Sollte die eigene Führungsperson zu dieser Gruppe gehören, ist man gut beraten, mit exzellenten Daten und Argumenten an sie zu gelangen und ihr Zeit zur Reflexion zu lassen. Gehört man selbst zu dieser Gruppe, kann man sein Spektrum erweitern, indem man seinen Blick auch auf das Gegenüber selbst, auf dessen Emotionen und Körpersprache, lenkt.

Entgegenkommende sind mehr an der Person, mit der sie es zu tun haben, interessiert als an Fakten und Details. Ihr wichtigstes Ziel ist es, die Beziehung durch eine Verhandlung nicht zu gefährden. Sie reden viel und sehr assoziativ und verfügen oft über ein schlechtes Zeitmanagement. Schweigen ist ihnen unangenehm, weshalb sie im Gespräch entstehende Pausen sofort mit neuen Worten füllen. Dies verärgert den nachdenkenden Analytiker. Ist das Gegenüber von der entgegenkommenden Sorte, ist es geschickt, auch eine persönliche und freundliche Ebene mit ins Gespräch zu nehmen. Es lohnt sich, Interesse für die Person zu zeigen, mit der man es zu tun hat. Gehören Sie selbst zu den Entgegenkommenden, nutzen Sie einerseits Ihren Sympathievorsprung, üben sich aber gleichzeitig in guter Vorbereitung, einem klaren Aufbau und halten Plaudereien über andere Themen im Rahmen.

Für Durchsetzungsfähige ist Zeit Geld und sie lieben es zu gewinnen. Sie dominieren das Gespräch, und es ist besonders wichtig, ihnen zuzuhören und auch immer wieder zuzustimmen. Spiegeln ist hier die Zaubermethode. Erst wenn sie Zustimmung erfahren haben, sind sie überhaupt bereit, einen Schritt auf einen zu zu machen. Schweigt man gegenüber einem oder einer Durchsetzungsfähigen zu lange, wird dies entweder so interpretiert, als hätte man nichts zu sagen, oder als Gelegenheit wahrgenommen, gleich weiterzusprechen. Ist man selbst durchsetzungsfähig, ist es klug, sich anzugewöhnen auf den eigenen Tonfall zu achten und nicht zu schroff zu sein.

Die Regel »Behandle andere, wie du selbst behandelt werden möchtest« ist in Fällen, in denen man bei anderen Menschen etwas erreichen möchte, fehl am Platz, sind die meisten Menschen doch eben anders als man selbst und erwarten auch eine andere Form der Kommunikation als die, die man selber schätzen würde. Die viel gepriesene »Authentizität« in ihrer Reinform ist deshalb kontra-produktiv. Das Lesen des Gegenübers und das Einsetzen seiner oder ihrer Sprache sind hingegen spielentscheidend.

Jedes Gespräch, das man mit einem oder einer Vorgesetzten führt und bei dem man etwas Konkretes erreichen möchte, ist eine Ver-handlung. Es lohnt sich hier, von den Besten zu lernen!

# FAZIT

# Was nun?

*Man muss etwas Neues machen, um etwas Neues zu sehen.*

GEORG CHRISTOPH LICHTENBERG

Zuletzt stellt sich die Frage, wo denn nun die großen Hebel sind, die man zum einen selbst verwenden kann und die auch Organisationen nutzen können, um kulturelle Vielfalt zu fördern und endlich innert nützlicher Frist, eine erfolgreichere und damit gerechte Durchmischung der Geschlechter auf sämtlichen Kaderstufen, auf jedem Forschungsgebiet und in allen relevanten Gremien zu erreichen. Werden nämlich keine zusätzlichen Maßnahmen ergriffen, wird es gemäß *Global Gender Gap Report*, den das Weltwirtschafts-Forum WEF jährlich herausgibt, ganze hundert Jahre dauern, bis die Gleichstellungskluft zwischen den Geschlechtern weltweit geschlossen ist. Was wären also geeignete Maßnahmen?

## Was Frauen selbst tun können

### Auf Stärken bauen

Frauen können vermehrt lernen, auf ihre Stärken zu bauen und diese gezielt auf ihrem Werdegang einzusetzen, statt zu zweifeln, sich ständig zu hinterfragen und an ihren Schwächen herumzuflicken oder herumflicken zu lassen. Es geht darum, eine Karriere aus den eigenen Talenten zu entwickeln und sich geschickt zu spezialisieren und damit eine attraktive thematische Nische zu besetzen. Mit Nische ist hier allerdings nicht ein Rückzugsort oder ein Schonraum gemeint, sondern vielmehr eine Expertise, die sich auch entsprechend gut verkaufen lässt. Wer die eigenen Stärken kennt und diese so oft als möglich einsetzen kann, ist zudem gemäß zahlreichen Studien der positiven Psychologie glücklicher und optimistischer.

*Selbstmarketing und strategisches Networking*

Wie in diesem Buch mehrfach angesprochen ist das Verkaufen seiner Stärken, Erfolge und letztlich auch Persönlichkeit ein Erfolgsfaktor, ohne den eine Karriere nicht gelingen kann. Leider sind meiner Erfahrung nach viele Frauen diesbezüglich sehr zurückhaltend und fürchten, als Prahlerinnen zu wirken, wenn sie ihre Qualitäten hervorheben. Am Verkauf der eigenen Stärken führt aber kein Weg vorbei und ein gutes Training in Selbstmarketing und Auftritt kann Wunder wirken. Der zweite Erfolgsfaktor, das strategische Networking, ist ebenfalls unverzichtbar für eine Karriere, wird aber leider von Frauen oft nicht als sehr positiv bewertet. Gerade hier hätten viele Frauen aber einen Wettbewerbsvorteil: Wenn sie sich nicht scheuen, ihre Fähigkeit, Verbindungen zu anderen Menschen herzustellen und zu erhalten, mit einem strategischen Vorgehen zu verbinden, wird sich der Erfolg bald einstellen. Um aber ein wirksames Netzwerk aufzubauen, müssen sich viele Frauen von der Idee verabschieden, dass ein strategischer Ansatz von Beziehungsaufbau etwas mit Instrumentalisieren und Ausnützen anderer Menschen zu tun hat. Hier geht es schlicht um Professionalität.

*Durchsetzungsvermögen*

Ohne Durchsetzungsvermögen und den Willen, in Konkurrenzsituationen auch wirklich zu gewinnen, ist keine Karriere möglich. Frauen müssen lernen, dass es vollkommen in Ordnung ist, andere zu überholen und schneller und besser zu sein. Dies gilt auch gegenüber anderen Frauen, was in scheinbarem Widerspruch zum nächsten Punkt steht.

*Solidarität*

Die oft beschworene und eingeforderte Solidarität unter Frauen kann eine zwiespältige Angelegenheit sein. Hindert sie Frauen daran, kompetitiv und in Konkurrenz zu anderen Frauen an ihrer Karriere zu arbeiten, haben sie einen starken Wettbewerbsnachteil gegenüber ihren männlichen Kollegen. Eine sportliche Haltung auf dem Weg nach oben ist erlaubt und sogar notwendig. Gleichzeitig können Frauen aber nur dann an Terrain gewinnen, wenn sie sich gegenseitig unterstützen, die Karrieren anderer Frauen fördern und sich als Mentorinnen und Sponsorinnen von jüngeren Frauen betätigen. Männer unter sich tun dies schon lange. Die durchaus berechtigte Wahrnehmung, dass »da oben« im Moment noch nur Platz für wenige Frauen ist, befeuert nicht selten den Konkurrenzkampf unter Frauen und verhindert so echte Solidarität.

*Ressourcen bereitstellen*

Gail Evans fordert in ihrem Buch *She Wins You Win*, dass Frauen sich konsequent unterstützen, zu jeder Zeit und auf jeder Stufe in jeder Profession. Eine herablassende oder versnobte Haltung gegenüber weniger privilegierten Frauen ist immer kontraproduktiv. Evans fordert, dass Frauen sich in Organisationen auch für diejenigen Frauen einsetzen, die auf den hierarchisch tiefsten Funktionen, beispielsweise in der Reinigung, tätig sind. Sie sollen nicht nur Spitzentalente fördern, sondern im Zweifelsfall auch eine »nur gute« Mitarbeiterin einem ungefähr vergleichbaren männlichen Mitarbeiter vorziehen. Sie sollen sich als »Rainmaker« betätigen und im Rahmen ihrer Möglichkeiten andere Frauen mit Gelegenheiten und Ressourcen aller Art, aber vor allem auch mit finanziellen Mitteln ausstatten. Dies kann von bestmöglichen Löhnen für private Haushaltshilfen oder Kinderbetreuerinnen bis zur gezielten Unterstützung anderer Frauen bei der Vergabe von Fördermitteln gehen. Weibliche Spar- und Genügsamkeit sind für die Förderung anderer Frauen fehl am Platz. Frauen sollten sich auch an Frauennetzwerken beteiligen oder, noch besser, solche gründen, solange sie dabei nicht vernachlässigen, sich auch in althergebrachte mächtige Männernetzwerke hineinzudrängen. Frauen sollten auf Positionen in Politik, Akademie und Wirtschaft wo immer möglich Frauen wählen, wenn diese ihnen politisch oder persönlich nicht zutiefst zuwider sind. Alle Frauen, auch diejenigen, die es bereits ganz nach oben geschafft haben, können längerfristig nur davon profitieren, wenn der Frauenanteil überall steigt und Frauen gerecht entlohnt werden.

## Was Männer tun können

Was wären denn Formen wirksamer und innovativer Unterstützung, die männliche Chefs den ihnen unterstellten Frauen bieten könnten? Welche Ratschläge können wir Männern in Führungsfunktionen mitgeben, die echte Frauenförderung betreiben wollen, aber durch gender-kulturelle Missverständnisse daran scheitern?

### *Kommunikative Kompetenzen erweitern*

Solange ein eher männlicher Kommunikationsstil in Organisationen dominiert, müssen sich Frauen und auch einige Männer sprachlich anpassen, wenn sie gehört und ernstgenommen werden wollen. Dies bedeutet aber nicht, dass Chefs sich nicht auch bemühen können, andere Kommunikationsformen zu verstehen und ihr Verhalten entsprechend anzupassen. Wenn sich Frauen beispielsweise ständig entschuldigen, im Erfolgsfall sagen, dass sie ja nur Glück gehabt hätten, oder auffällig oft Vorschläge in der Frageform anbringen, kann das auf Männer irritierend oder gar schwächlich wirken. Wenn sie diese Kommunikationselemente aber als normalen Bestandteil der Sprache vieler Frauen begreifen, werden sie Frauen und ihre Kompetenzen nicht mehr so leicht abwerten.

### *Aktiv fördern und entsprechend entlohnen*

Frauen trauen sich oft nicht, ihre Chefs auf eine Beförderung oder eine Lohnerhöhung anzusprechen. Sie meinen, damit zuwarten zu müssen, bis sie die Anforderungen an ihre jetzige oder nächste Funktion nicht nur erfüllen, sondern sogar übertreffen. Im Wissen um dieses Verhalten sollten männliche Chefs kompetente Frauen von sich aus auf eine Beförderung oder eine fällige Lohnerhöhung ansprechen. Und sie sollten unbedingt aktiv Lohn-

ungleichheit zwischen Männern und Frauen in ihrem Einfluss-
bereich bekämpfen.

Frauen fühlen sich oft nicht respektiert, teils, weil sie die etwas har-
schere und manchmal auch mokierende männliche Betriebskommu-
nikation missinterpretieren; teils auch, weil sie sich im Gegensatz zu
ihren Kollegen tatsächlich immer wieder beweisen müssen. Diesem
Phänomen können männliche Chefs entgegenwirken, indem sie die
Leistungen ihrer guten Mitarbeiterinnen öfter vor dem Gesamtteam
ansprechen.

### Autsch!

Männer teilen gelegentlich gutgemeinte Komplimente aus, die aber
in Wirklichkeit einem unbewussten Geschlechter-Bias entstammen.
»Sie sind ausgezeichnet als weibliche Führungskraft«. »Ich finde es
toll, wie Sie Ihre Arbeit trotz Ihren Aufgaben als Mutter schaffen.«
Komplimente betreffend Aussehen, Stil oder Kleidung gehören
ebenfalls nicht an den Arbeitsplatz.

Männliche und weibliche Mitarbeitende belasten ihre Chefin ungleich häufiger mit persönlichen Themen als ihre männlichen Chefs.
Mehr Zurückhaltung wäre hier professioneller. Wie die Journalistin
Joanne Lipman so schön gesagt hat: »She is your boss, not your
mother!«

### Etwas Gelassenheit

Es gibt Frauen, die bei harter Kritik stark emotional reagieren und
gelegentlich gar in Tränen ausbrechen. Unter Frauen ist das nicht
so schlimm, männliche Chefs hingegen fühlen sich angesichts solcher Reaktionen oft hilflos. Aus Angst davor meiden sie kritische
Feedbacks. Frauen verpassen so wichtige Rückmeldungen, die sie für
ihre berufliche Entwicklung benötigen. Männer sollten deshalb vor
emotionalen Reaktionen nicht zurückschrecken und die möglichen
Tränen gelassen hinnehmen.

Natürlich kann es herausfordernd sein, wenn Mitarbeiterinnen wegen eines Mutterschaftsurlaubs zeitweilig aussetzen, ihre Pensen reduzieren oder an den Randzeiten gefordert sind. Dies alles geht vorüber, denn Kinder werden ganz von selbst älter. Chefs sollten ihre Mitarbeiterinnen und auch Mitarbeiter als Eltern von Kleinstkindern unterstützen. Deren Engagement und Loyalität sind danach umso größer.

## Was Organisationen und Politik tun müssen

### Umsetzung des Gesetzes

1995 wurde in der Schweiz das Bundesgesetz über die Gleichstellung von Mann und Frau verabschiedet. Dieses schreibt unter anderem die Förderung der Gleichstellung vor, verbietet Benachteiligung im Erwerbsleben und Lohnungleichheit auf Grund des Geschlechts sowie sexuelle Belästigung. Es ist also nicht eine nette Geste oder Großzügigkeit von Organisationen und Führungspersonen, Gleichstellung der Geschlechter zu fördern, sondern ein gesetzlicher Auftrag, der zu einem beträchtlichen Teil seit fast fünfundzwanzig Jahren nicht erfüllt wird. Hier besteht dringend Bedarf nach einem adäquaten Bewusstsein für die gesetzliche Pflicht des Arbeitgebers und einer entsprechenden Kontrolle und Einforderung durch die zuständigen Behörden. Wo sonst dürfen Gesetze verletzt werden, nur weil man sich in private Unternehmen nicht korrigierend einmischen will?

### Quoten

Ohne Quoten wird es innerhalb nützlicher Frist keine Gleichstellung und keine kulturelle Durchmischung in Führungsgremien und Forschungsgruppen geben. Dies hat sich in den letzten dreißig Jahren seit der Beschreibung der gläsernen Decke klar gezeigt. Die Einstellung vieler, auch vieler Frauen, dass Frauen nur bei mindestens gleich hoher Qualifizierung ihren männlichen Kollegen vorgezogen werden sollten, zementiert die Ungleichheit. Geht es um andere Diversitätskriterien wie beispielsweise regionale und sprachliche Herkunft, wird eine bewusste Steuerung der Zusammensetzung von Gremien nicht in Frage gestellt.

Der Begriff »Quotenfrau« ist in diesem Spiel eine zusätzliche Falle: Durch den abwertenden Begriff wird es vielen Frauen fast unmöglich, sich für Quoten einzusetzen. Werden sie auf Grund des völlig legitimen Anspruchs auf Gleichberechtigung der Geschlechter und mehr Diversität in Führungsgremien und Forschungsgruppen befördert, werden sie automatisch einer negativ besetzten Gruppe, den »Quotenfrauen«, zugeordnet. Da sie keine »Quotenfrau« sein wollen, stellen sie sich selbst gegen eine gezielte Förderung von Frauen zur paritätischen Vertretung auf allen Ebenen. Es geht dabei vergessen, dass ein Großteil der Männer aufgrund einer nicht ausgesprochenen Männerquote auf ihren Positionen ist. Sie wurden als Männer vorgezogen, weil sie nicht schwanger werden können oder weil sie Teil eines Männernetzwerks, zum Beispiel des Militärs, von Studentenverbindungen oder Service-Clubs sind und sich gegenseitig zu wichtigen Positionen verhelfen. Die Führungsetagen sind also voller »Quotenmänner«. Man kann durchaus so weit gehen zu sagen, dass Gleichstellung erst erreicht ist, wenn es auf allen Stufen gleich viele inkompetente Frauen wie inkompetente Männer gibt.

*Die Vision*

Ohne klare Vision einer diversen und gleichberechtigten Arbeits- und Forschungswelt ist die Umsetzung wirksamer Schritte schwierig. Nur was bereits gedacht, beschrieben und bildlich dargestellt ist, neigt dazu sich zu materialisieren. Eine solche Vision gehört in die strategischen Papiere von Organisationen und kann nicht durch einen einsamen Satz zur Gleichstellung erledigt werden. Frauen brauchen auch ausreichend weibliche Vorbilder auf allen Führungsebenen, um sich überhaupt vorstellen zu können, dass es möglich ist, den gewünschten Karriereweg zu gehen.

### Der Faden der Ariadne

Auf Hilfe einer Prinzessin werden wir wohl vergeblich warten. Nur mit verbindlichen Vorgaben, Kreativität, Mut und dem echten Engagement aller Beteiligten findet die Königin den Weg durch das Labyrinth aus Glas!

# Weiterführende Literatur

Ammann, Odile. 2018. »Iris von Rotens *Frauen im Laufgitter* sechzig Jahre später – has been oder stets aktuell?« In *5 Zeitschrift für Schweizerisches Recht*: 579-598.

Anonyma, Anonyma. 2013. *Ganz oben: Aus dem Leben einer weiblichen Führungskraft*. München: C.H.Beck.

Babcock, Linda und Sara Laschever. 2003. *Women Don't Ask: Negotiation and the Gender Divide*. Princeton and Oxford: Princeton University Press.

Babcock, Linda, Maria Recalde, Lise Vesterlund und Laurie Weingart. 2017. »Gender Differences in Accepting and Receiving Requests for Tasks with Low Promotability.« In *American Economic Review* Vol. 107, No.3: 714-47.

Bruch, Heike und Sumantra Ghoshal. 2002. »Vorsicht vor übereifrigen Managern«. In *Harvard Business Manager* 4/2002: 64-73.

Bundesamt für Gesundheit (BAG). 2018. *Einkommen von Ärztinnen und Ärzten in der Schweiz: Neue Studie bringt Transparenz*. Bern: Bundesamt für Gesundheit.

Bundesamt für Statistik (BFS). 2017. *Teilnahme an Weiterbildungen in der Schweiz*. Modul »Weiterbildung« der Schweizerischen Arbeitskräfteerhebung. Neuchâtel: Bundesamt für Statistik.

Bundesamt für Statistik (BFS). 2017. *Teilzeiterwerbstätigkeit in der Schweiz*. Neuchâtel: Bundesamt für Statistik.

Bundesamt für Statistik (BFS). 2016. *Lohnstrukturerhebung*. Neuchâtel: Bundesamt für Statistik.

Bundesamt für Statistik (BFS). 2011. *Frauen und Männer an den Schweizer Hochschulen. Indikatoren zu geschlechtsspezifischen Unterschieden.* Neuchâtel: Bundesamt für Statistik.

Bundesverwaltung. 2018. *Reporting Personalmanagement 2018.* Bern: Eidgenössisches Personalamt EPA.

Chesler, Phyllis. 2001. *Woman's Inhumanity to Woman.* New York: Thunder's Mouth Press/Nation Books.

Cuddy, Amy. 2015. *Presence: Bringing Your Boldest Self to Your Biggest Challenges.* London: Hachette UK.

Dawson, Roger. 2012. *Secrets of Power Negotiating.* New York: Open Road Media.

Drucker, Peter. 1967. *The Effective Executive.* London: Heinemann.

Duff, Caroline und Barbara Cohen. 1993. *When Women Work Together: Using Our Strengths to Overcome Our Challenges.* Newburyport: Conari Press.

Edmondson, Amy C. 2012. *Teaming: How Organizations Learn, Innovate, and Compete in the Knowledge Economy.* New York: John Wiley & Sons.

Evans, Gail. 2004. *She Wins, You Win: The Most Important Strategies for Making Women More Powerful.* New York: Penguin.

Evans, Gail. 2000. *Play Like a Man, Win Like a Woman: What Men Know About Success that Women Need to Learn.* New York: Crown Publishing Group.

Farkas, Christoph. 2019. »Das Problem beim Namen nennen.« *DIE ZEIT*, Nr.8/2019.

Felber, Patricia. 2016 »Einschätzung der Karrieresituation von Nach-wuchswissenschaftlerinnen in der Schweiz.« *Swiss Academies Communications* Vol. 11, no. 2.

Ferrazzi, Keith und Thal Raz. 2005. *Never Eat Alone. And Other Secrets to Success. One Relationship at a Time.* New York: Crown Publishing Group.

FMH-Ärztestatistik. 2018. *Schweizerische Ärztezeitung*, Nr. 13-14.

Frankel, Lois P. 2010. *Nice Girls Don't Get the Corner Office: 101 Unconscious Mistakes Women Make that Sabotage Their Careers.* London: Hachette Book UK.

Gedrose, B., C. Wonneberger, J. Jünger et.al. 2012 »Haben Frauen am Ende des Medizinstudiums andere Vorstellungen über Berufs-tätigkeit und Arbeitszeit als ihre männlichen Kollegen?« In *Online Publikation, Deutsche Medizinische Wochenschrift.* doi: 10.1055/s-0032-1304872.

Green, Alison. 2018. *Ask a Manager: How to Navigate Clueless Colleagues, Lunch-Stealing Bosses and Other Tricky Situations at Work.* London. Hachette UK.

Hamel, Gary. 2011. »First Let's Fire All the Managers« *Harvard Business Review* 89, no.12 (December): 48-60.

Hamermesh, David. 2006. »Top 10 Tips for Junior Faculty on Jump-Starting Your Career.« In CSWEP Newsletter (Spring/Summer). Nashville: American Economic Association.

Hamermesh, David. 2005. »An Old Male Economist's Advice to Young Female Economists.« In CSWEP Newsletter (Winter). Nashville: American Economic Association.

Hunt, Vivian, Dennis Layton und Sara Prince. 2015. *Diversity Matters*. McKinsey & Company. https://assets.mckinsey.com/~/media/857F440109AA4D13A54D9C496D86ED58.ashx (abgerufen am 21.03.2019).

Katzenbach, Jon R.: Smith, Douglas K. 2015: *The Wisdom of Teams: Creating the High-Performance Organization*. Boston: Harvard Business Review Press.

Kay, Katty und Shipman, Claire. 2014. *The Confidence Code: The Science and Art of Self-Assurance – What Women Should Know*. New York: Harper Business.

Kegan, Robert und Lisa Laskow Lahey. 2016. *An Everyone Culture: Becoming a Deliberately Developmental Organization*. Boston: Harvard Business Review Press.

Kimich, Claudia. 2015. *Um Geld verhandeln: Gehalt, Honorar und Preis – So bekommen Sie, was Sie verdienen*. München: C.H.Beck.

Laloux, Frederic. 2015: *Reinventing Organizations: A Guide to Creating Organizations Inspired by the Next Stage in Human Consciousness*. Millis, MA: Nelson Park.

Lehmann, Regula Julia und Heidi Stutz. 2008. *Geschlecht und Forschungsförderung, Synthesebericht. Schweizerischer Nationalfonds*, Bern: SNF.

Lipman, Joanne. 2014. »Women at Work – a Guide for Men« *Wallstreet Journal* (December 12).

Litwin, Anne. 2014. *New Rules for Women: Revolutionizing the Way Women Work Together*. Annapolis, MA: Third Bridge Press.

Lucke, Doris: 2009. »Die Kategorie Geschlecht in der Soziologie.« In *Plattform Gender-Politik-Online*. Gemeinschaftsprojekt von

Otto-Suhr-Institut und Fachbereich Politik- und Sozialwissenschaften der FU Berlin. https://www.fu-berlin.de/sites/gpo/soz_eth/Geschlecht_als_Kategorie/Die_Kategorie_Geschlecht_in_der_Soziologie/doris_lucke.pdf (abgerufen am 22.03.2019).

Macko, Lia und Kerry Rubin. 2004. *Midlife Crisis at 30: How the Stakes Have Changed for a New Generation–And What to Do About It*. New York: Rodale.

Mintzberg, Henry. 2009. *Managing*. San Francisco: Berrett-Koehler Publishers.

Modler, Peter. 2012. *Das Arroganz-Prinzip: So haben Frauen mehr Erfolg im Beruf*. Frankfurt am Main: Fischer Verlag.

Neuberger, Oswald. 2006. *Mikropolitik und Moral in Organisationen. Herausforderung der Ordnung*. Stuttgart: Lucius & Lucius.

Neumeier, Marty. 2012. *Metaskills: Five Talents for the Robotic Age*. London: New Riders.

Oncken, William und Daniel L. Wass. 1974. »Management Time: Who's Got the Monkey?« *Harvard Business Review* Vol. 52, no. 6 (November-December): 75-80.

Pfeffer, Jeffrey. 2015. *Leadership BS: Fixing Workplaces and Careers One Truth at a Time*. Heidelberg: HarperCollins.

Pfeffer, Jeffrey. 2013. »You're still the same: why theories of power hold over time and across contexts.« *The Academy of Management Perspectives* Vol. 27, No. 4.

Pfeffer, Jeffrey. 2010. *Power – Why Some People Have It – and Others Don't*. New York: Harper Collins.

Pöhm, Matthias. 2013. *Frauen kontern besser: So werden Sie richtig schlagfertig*. München: mvg Verlag.

Pruitt, Dean und Jeffrey Rubin. 1994. *Social Conflict. Escalation, Stalemate and Settlement*. New York: McGraw-Hill Education, 2nd Edition.

Raststetter, Daniela. 2009. *Macht und Mikropolitik: Frauen müssen taktischer werden!* Kassel: kassel university press GmbH.

Reardon, Kathleen Kelley. 2011. *The Secret Handshake: Mastering the Politics of the Business Inner Circle*. New York: Crown Publishing Group.

Reardon, Kathleen Kelley. 1996. *They Don't Get It, Do They? Communication in the Workplace – Closing the Gap between Men and Women*. New York: Little, Brown.

Ruppert, Andrea und Martina Voigt. 2009. *Gehalt und Aufstieg: Mythen – Fakten – Modelle erfolgreichen Verhandelns*. Aachen: Shaker.

Sandberg, Sheryl. 2013. *Lean In: Women, Work, and the Will to Lead*. New York: Random House.

Schmitt, Tom und Michael Esser. 2010. *Status-Spiele: Wie ich in jeder Situation die Oberhand behalte*. Frankfurt am Main: Fischer-Taschenbuch-Verlag.

Seligman, Martin. 2011. *Authentic Happiness: Using the New Positive Psychology to Realise Your Potential for Lasting Fulfilment*. London: Hachette UK.

Seligman, Martin. 1975. *Helplessness. On Depression, Development and Death*. San Francisco: Freeman and Comp.

Slaughter, Anne-Marie. 2015. *Unfinished Business: Women Men Work Family*. New York: Random House Publishing Group.

Sutton, Robert I: 2017. *The Asshole Survival Guide: How to Deal with People Who Treat You Like Dirt*. London: Penguin UK.

Sutton, Robert I. 2010. *Good Boss, Bad Boss: How to Be the Best … and Learn from the Worst*. London: Hachette UK.

Sutton, Robert I. 2007. *The No Asshole Rule: Building a Civilized Workplace and Surviving One That Isn't*. London: Hachette UK.

Tannen, Deborah. 1994. *Talking from 9 to 5. Women and Men at Work*. New York: HarperCollins.

Tannen, Deborah. 1995. »The Power of Talk.« *Harvard Business Review* 77, no. 5 (September-October): 138-148.

Ury, William. 2017. *Getting Past No: Negotiating in Difficult Situations*. New York: Random House Publishing Group.

Van den Bussche H, S. Nehls, S. Boczor, et.al. 2018. »Was wissen wir über die reale Dauer der ärztlichen Weiterbildung in Deutschland?« *Deutsche Medizinische Wochenschrift* 143: 152-158.

Van Dis, Jane; Laura Stadum und Esther Choo. 2018. »Sexual Harassment Is Rampant in Health Care. Here's How to Stop It.« *Harvard Business Review* (November). https://hbr.org/2018/11/sexual-harassment-is-rampant-in-health-care-heres-how-to-stop-it (abgerufen am 22.03.2019)

Voss, Chris und Tahl Raz. 2016. *Never Split the Difference: Negotiating as if Your Life Depended on It*. New York: Random House.

Weber, Max. (1917) 2006. Wissenschaft als Beruf. Stuttgart: Reclam.

Weick, Karl E. und Kathleen M. Sutcliffe. 2006. *Managing the Un-expected: Assuring High Performance in an Age of Complexity.* New Delhi: Wiley India Pvt. Limited.

Williams, Joan C. und Rachel Dempsey. 2018. *What Works for Wo-men at Work: Four Patterns Working Women Need to Know.* New York: NYU Press.

Wippermann, Carsten. 2010. *Frauen in Führungspositionen. Barrie-ren und Brücken.* Heidelberg: Sinus Sociovision GmbH.

Wiseman, Rosalind. 2016. *Queen Bees and Wannabes: Helping Your Daughter Survive Cliques, Gossip, Boys, and the New Realities of Girl World.* New York: Harmony Books.

Wolf, Alexander. 2013. *Die Essenz des Networking: Dictyonomie.* Amazon: CreateSpace Independent Publishing Platform.

Yusuke Tsugawa, Anupam B. Jena, Jose F Figueroa et al. 2016. »Comparison of Hospital Mortality and Readmission Rates for Me-dicare Patients Treated by Male vs Female Physicians.« *Jama Internal Medicine,* December 2016. doi: 10.1001/jamainternmed.2016.-7875.

# Über mich

Sibyl Schädeli ist Ethnologin, zertifizierte Coach und hat einen Master in betriebswirtschaftlichem Management. Sie war viele Jahre Führungsverantwortliche und Spezialistin für Human Resources in der Schweizerischen Bundesverwaltung und in einem Universitätsspital.

Seit 2014 ist sie selbständige Beraterin, Dozentin und Coach und spezialisiert auf Führungsentwicklung und den Umgang mit betrieblichen Machtspielen. Sie unterrichtet und coacht Führungspersonen an Universitäten, in Spitälern, in der Verwaltung und in privatwirtschaftlichen Unternehmen.

Ihr Hauptengagement liegt in der Unterstützung von Frauen auf dem Karriereweg und in anspruchsvollen Positionierungs- und Durchsetzungssituationen.